ジョルジュ・バルビエ「インドの香水」―香水の原料となる竜涎香、麝香、霊猫香などの動物性香料は、おもにインドから輸入されたため、香水とインドはイメージで結ばれる。左端に麝香をとる麝香鹿が見える。パリのラ・ペ通りに店を出した香水商リチャード・ハドナットが1928年に出版したリシャール・ル・ガリエンヌ著『香水のロマンス』より。(第二章)

中世の王侯貴族たちは、豪華な金銀細工の匂い玉を持ち歩き、悪臭漂う場所や病人のいるところでは、匂い玉を振って、香わしい匂いをかぐようにしていた。病気は悪臭からと信じていたので、それを打ち消す芳香が必要だったのである。(第二章)

ジョルジュ・バルビエ『ジュルナル・デ・ダム・エ・デ・モード』より―ステンシル画の一種ポショワールによるモード画は、第一次世界大戦の前後に最高の技術水準にまで到達した。モード画家も、バルビエ、ルパップ、マルタン、マルティなどの才能が綺羅星のごとく輩出した。いずれもジャポニスムの影響が著しかった。（第四章）

ランテ「ルーアンの衣装」―ロマン主義の時代、モード画集に多く登場したのは、地方風俗と異国風俗だった。この時代の最高のモード画家ランテはこの分野でも大きな成功をおさめた。ランテは見返り美人ならぬ後ろ向き美人を多く描いたことで知られる。これも手彩色による鋼版画。（第四章）

19世紀の中頃まで恐ろしいものと思われていた海はとつぜん健康の源とみなされ、海水浴は医者の転地療養の勧めで、ようやく普及するようになる。それは泳ぐというよりも、療法として海に「浸かる」ことにすぎなかったが、そこから水着という新しいモードが誕生した。(『フィガロ・イリュストレ』より／第五章)

パリの有産階級は、健康のためと称してノルマンディーの海水浴場に避暑に出かけるようになる。それとともに、ホテルや娯楽施設も完備して、トゥルーヴィルやドーヴィルの海水浴場は彼らのための社交場となり、避暑地の恋が生まれる。(『フィガロ・イリュストレ』より／第五章)

19世紀末から1920年代まで、パリのデパートは消費資本主義の牽引車として世界に君臨した。消費者の購買願望を刺激するあらゆる手段が開発され、消費者たちは女神の前にひざまずく信徒のようにデパートに殺到した。(ジャン＝ポール・カラカラ『ル・ロマン・ド・プランタン』より／第六章)

消費者に夢を見させるドリーム・ワールドと自らを規定したパリのデパートは、争うように豪華絢爛たる建物をつくり始める。とりわけ内装は、商品というオペラが演じられる舞台装置として重視された。とくに、後発のプランタンは内装に力を入れた。(ジャン＝ポール・カラカラ『ル・ロマン・ド・プランタン』より／第六章)

中公文庫

パリ五段活用

時間の迷宮都市を歩く

鹿島　茂

中央公論新社

目次

パリ五段活用

時間の迷宮都市を歩く

第1章　食べる・飲む

パリの朝は美味しい

冬のパリは、夜が明けるのがいやになるほど遅い。

クリスマスの頃だと、九時すぎても明るくならない。夕方も陽が暮れるのが早いが、こちらは、シャン＝ゼリゼなどの素晴らしい夜景を楽しむことができるので、まだしも救いがある。だが、朝はそれもなく、ただ、ひたすらに暗い。おまけに、雨がふっていることが多いので、一日待っても陽は昇らないのではないかとさえ思えてくる。だが、こんなとき、朝寝を決めこんでいたのでは、パリの素顔に出会う機会を逸してしまうことになる。

フランス人は、もともと農耕民族のためか、たとえ都会暮らしをしていても、朝は皆、意外に起きるのが早い。冬でも、たいていは六時、遅い人でも六時半には起床する。だから、思っているよりも、はるかに早くから朝の活動が始まっている。

それに、なによりもいいのは、朝はゴーストタウンに変貌する東京とちがって、都心にもたくさんの人が住んでいることである。建物の一階は店舗、二階には事務所が入っていても、三階から上には人が住んでいるから、朝六時になると、こうしたアパルトマンの窓にぽつりぽつりと灯火がともる。蛍光灯ではなく、白熱電球なので、真っ暗闇の中でそこだけがポッカリと黄色く浮き上がっている。はるか遠くにあったはずの建物が、窓にあかりがついたとたん、急に距離が縮まってみえるから不思議だ。

おかげで、窓の中の人の動きが手に取るようにわかる。夜は重たい帳《とばり》をおろしている窓でも、朝を迎えると、まだ外は暗いのに、どこの家でもカーテンをあける。まるで、朝の生活なら他人から見られてもかまわないとでもいうかのようだ。だから、こちらに覗き趣味がなくても、ついつい他人の朝の生活に見入ってしまう。

眠そうな目をした子供が食堂のテーブルにつくと同時に、パンを買いに行っていた父親が戻ってきて、母親が用意したカフェ・オレで、一家の朝食が始まる。別の窓の中では、独り身の老女が、重そうな足を引きずりながら、台所から牛乳パックを運んできて、テーブルの上のネコに、ミルクを浸したパンを食べさせている。どれも、なんということはない平凡な朝の情景なのだが、夜明け前のパリでこれを見ると、妙に心に滲みる。その光と陰の中には、まるでヴィットリオ・ストラーロの撮影したベルトリッチの映画のような特権的時間が流れているという感じがする。

だが、いつまでも他人の生活に見とれているわけにはいかない。さきほどのお父さんのように、パンを買いに行かなければ、焼きたてのパンが食べられなくなってしまう。

古いアパルトマンの、めまいのするような螺旋階段を降りて、まだ真っ暗な通りに足を一歩踏み出すと、そこには、他の都市には絶対にない、「生粋のパリ」がある。

通りには、朝一番でやってきた散水車が、歩道のゴミや犬のフンなどを洗い流していったばかりらしく、濡れた舗石に街路灯の光が反射している。その不揃いの舗石の上に足をのせると、靴裏がかすかに滑って舗石の継ぎ目でとまる。この感覚がなんともいえない。プルーストは、紅茶につけたマドレーヌの味から過去を思い出したときとおなじように、不揃いの舗石を踏んだ感触から過ぎ去った昔の記憶を蘇らせたが、たしかに、フランスの舗石には、それを踏んだ人の足裏に記憶を刻みつける魔法の力がこめられているようだ。

パリの朝の記憶は、匂いによっても蘇る。まずは、水の匂いだ。というのも、車道の両端に二〇メートルおきぐらいの間隔で設けられている水道栓から勢いよく水が流れだし、塵芥を側溝へと回収しているので、朝の空気の中に水蒸気がたちこめているのだ。水には匂いがある、このあたり前の事実をパリにやってくるたびに思い出す。そして、その匂いを鼻孔いっぱいに吸い込むと、なぜか、それまで部屋のスチーム暖房で干からびていた体の細胞ひとつひとつに水分が補給されたような気になって、急に足取りが軽やかになる。側溝を小川のように流れている水の動きがあまりに速いので、ついそのスピードを確かめたくなって、使用済みのメトロの切符を水に捨てると、切符は驚くような速さで運ばれていく。それに追いつこうと急ぎ足で歩いていくうちに、いつのまにやら角のパン屋まで来ている。

もっとも、パン屋が近いことは、すでに鼻が察知していた。パンを焼くときの、小麦粉とバターのまじったあの甘くこうばしい匂いが店の外まで漂ってきていたからだ。散水車に洗われて、前夜の生活の匂いはすべてかき消された路上で嗅ぐこのパンの匂いは、強烈に官能を刺激する。それは、たんに食欲を刺激する匂いというよりも、ある種の楽園の匂い、たとえてみれば、森の中に捨てられたヘンゼルとグレーテルがたどりついたお菓子の家から漂い流れてくる匂いのようだ。

楽園といえば、まだ真っ暗なパリの朝の街角に、そこだけ煌々とあかりを灯しているパン屋のブティックは、鼻にとってばかりか、目にとってもパラダイスそのものだ。ガラス戸を飾る金文字や薄浮き彫りが、葡萄酒色、あるいは濃緑色の地味なファサードと対照をなして、それ自体が光を発しているように明るく輝いている。ショーウィンドーには、大小のシュー・クリームを重ねてチョコレートをかぶせたルリジューズ（修道女）と呼ばれる一種のエクレアがずらりと並んで、朝早くやってきてくれた客に挨拶している。

店の中に足を踏み入れると、三面に鏡が張りめぐらしてあるので、奥に並べられた焼きたてのフランスパンがいたるところに反射して、さながら、パンでできた部屋の中にいるような錯覚をおぼえる。鏡をよく見ると、ガラス戸を飾っていたのと同じ浮き彫りが描かれているが、その浮き彫りは、小麦の種蒔き、収穫、脱穀をそれぞれあらわしている。たぶん、これは絵の感じからしてかなりの時代物の鏡なのだろう。

店内には、こんなに朝早いのに、すでに何人もの客が行列をつくっている。客を手際よくさばいているのは、このパン屋の愛想のいいマダムだ。フランスでは、昔からパン屋の女房は色気のある女と相場が決まっているらしいが、ここのマダムもその例にもれないコケットな微笑を漂わせている。あるいは、この微笑目当てでパンを買いにくる男性も多いのかもしれない。なにを隠そう、わたしもその一人だ。バゲットを受け取ってお金を渡すときに、一瞬触れ合う指先の感触がなんともいえない。

わたしの前に少年がいたが、この少年が頼んだのは、ドゥミ・バゲット、つまりバゲットの半分の大きさのフランスパンだったのだが、店の棚に並んでいる中にはそれらしい大きさのパンがない。どうするのかと思って見ていると、マダムはバゲットを手に取って、それを勢いよく真ん中で二つに引きちぎって半分を少年に渡した。普通は、こうした場合、包丁で切るのだが、マダムはその手間を省いたらしい。わたしはこの乱暴さにいささかショックを受けたが、少年もマダムも他の客もいっこうに気にする様子がないところを見ると、こんなことはフランス人のあいだではあたり前のことなのかもしれない。

あたり前といえば、日本では、バゲットを買うと、まず店員が長い紙袋に入れ、ついでその袋を今度は手提げ用の大きな紙袋にもう一度入れたうえで、ご丁寧に保存用のビニール袋までつけてくれるが、フランスのパン屋では、バゲットやフィセルなどの長めのパンは、なんの包装もせずにそのまま手渡しするだけである。さすがに、クロワッサンなどは粗末な紙袋に入れてくれるが、それも厳重な包装などでは決してなく、袋の両端を指でつまんでくるりと一回転させて落ちないようにするのがせめてものサービスだ。

日本でパン屋がこんなことをしたら、客をなんと思っているのかと非難の的になるだろうが、逆にもしフランスで日本式の「梱包」をパン屋に要求したら、「パンをだれかにプレゼントするつもりか」とたずねられるに決まっている。

第一、日本のようにパンを厳重に包装してしまったら、歩きながら、パンの端をつまんで食べる楽しみがなくなってしまうではないかとフランス人はいうだろう。

そう、この朝のパンのつまみ喰いこそが、フランス人の生きがいのひとつなのだ。パンを買いに行かされる子供は、これだけを楽しみにしている。実際、フランス人のまねをしてやってみると、じつにうまい。焼きたてで、まだ中身がふわふわのフランスパンがこんなにおいしいものだとは気づかなかった。炊きたてのご飯はおかずなしでも食べられるが、パンではそれは無理だなどという人がいるが、これは嘘だ。街角のなんでもないパン屋のパンでも焼きたてならケーキよりもはるかにうまい。日本人はパリに旅行しても、ホテルでしか朝食を取らないので、この焼きたてのパンの「歩き喰い」の醍醐味を知らないのだ。

おっと、調子に乗って「歩き喰い」を続けていたら、気づいたときには、フィセルを一本食べ尽くしてしまった。こうなったら、しかたがない、部屋に戻らずにこの足でカフェに駆け込んで、エスプレッソ（フランス語ではエクスプレス）のダブルをたのんで朝食の代わりということにしておこう。

早朝のカフェで、エクスプレスを飲みながら朝日が昇るのを待つ。これもまたなかなか乙なものである。

味覚が世界を動かした
――マリ・アントワネットの逸話をめぐって

フランス革命の前夜、パリの民衆が、食べるパンがないと大騒ぎをしているという知らせを聞いた王妃マリ・アントワネットが、「パンがないならケーキを食べればいいのに」と語ったという話は、マリ・アントワネットの世間知らずぶりを示す逸話として有名だが、最近翻訳されたカール・シファキスの『詐欺とペテンの大百科』（青土社）によれば、これは、マリ・アントワネットと敵対する貴族たちや革命派が悪意をもって広めたとんでもないデマで、史上最悪の濡れ衣だという。

まず、第一に、「ケーキ」というのは正確でなく、原初的な逸話では「パンがないならブリオッシュを食べればいいのに」となっていたらしい。のちにこれが話をわかりやすくするために「ケーキ」に変わったわけである。しかし、いずれにしても、マリ・アントワネットが世間知らずだったという話の筋道は同じである。

ところが、実際には、このエピソードは、マリ・アントワネットの生まれる以前からあった逸話の発言者を入れ替えたものにすぎないのである。その証拠に、ジャン＝ジャック・ルソーは『告白』の中で、一七四〇年頃に聞いた「高貴な身分の女性」の発言として、これとまったく同じ逸話を書き留めている。一七四〇年といえば、マリ・アントワネットが生まれるよりも十五年も前のことで、ルソーが『告白』のこの部分を書いたと推定される一七六六年においても、マリ・アントワネットはまだ十一歳で、ルイ十六世に嫁いでさえいなかった。アルフォンス・カールという十九世紀の文人は、この発言はトスカナ大公夫人のものだったと同定している。

いずれにしても、マリ・アントワネットにしてみれば、とんだ濡れ衣だったわけだが、ただ、逸話というのは不思議なもので、百パーセント捏造のものでも、その嘘の中には、かならずといっていいほど、ある種の歴史の真実性が含まれている。

といっても、このエピソードについてある無名の文人が言ったと伝えられるように「彼女が言わなくても、言ったに違いないと思われて当然だった」というレベルで捉えることは避けなければならない。いや、正確に言えば、そのレベルで捉えてもかまわないが、歴史の真実性は、さらにその奥にあるのではと疑ってみることが必要だ。

「パンがないならケーキ(ブリオッシュ)を食べればいいのに」という言葉を、今日の我々がいかにもマリ・アントワネットの言いそうなことだと考える根拠のひとつは、「パンは安いが、砂糖を多量に使うケーキ(ブリオッシュ)は高い」という事実である。これが、「マリ・アントワネットは世間知らずだった」という判断の前提となっている。しかし、一切の先入観を捨てるという立場からいったら、まず、この前提が十八世紀においても妥当性をもっていたか否かをまず問わなければならない。つまり、十八世紀に、ブリオッシュやケーキはパンよりも本当に高かったのかという形で問題を立ててみる必要がある。例えば、アンシャン・レジームに書かれた食生活に関する風俗観察を見ると、こんな記述が目につく。

菓子屋や豚肉屋、焼肉屋の店は、どの街角でも人目につく。看板代りに、その物ずばりが並ぶ。皮に包んだ舌料理、月桂樹の飾りをつけたハム、脂ののった肥育鶏、まっ赤な色をしたパイ、前の方に並ぶ甘ったるいケーキなどが目に入る。まるでただ手を伸ばしさえすればよいといった感じだ。(中略)

聖王ルイは、一二七〇年五月に、菓子屋の法規を定めたとき、祝祭日に働くことすべておかまいなし、という彼らが持っていた昔ながらの習慣に承認を与えた。会食や宴会は、日曜、祭日に開かれるのがふつうだからである。(中略)

これは今でも見られることで、菓子屋は日曜祭日のほうが、他の日よりも忙しい。
（メルシエ『十八世紀パリ生活誌』原宏訳　岩波文庫）

街角の菓子屋にケーキを買いに来るのは、断じて貴族や大ブルジョワではない。貴族や大ブルジョワは、自宅に雇っている料理人にケーキや菓子パンを作らせるからだ。菓子屋の客は、料理人を雇えない一般の民衆である。つまり、十八世紀には、パリなどの都市部では、一般民衆も、日曜祭日にはケーキや菓子パンをかなりたくさん食べていたのだ。

ついでに、もう一つ証言をあげよう。今度はルーアンの住民についての記述である。

ルーアンの市壁より外には決して行くことのない大部分の住民は家に閉じこもりがちになり、一日に食事を何度も取る。ミルクやクリームを大量に飲み、バターやケーキや砂糖やジャムをたくさん食べる。子供たちは乳母の腕から離れるとすぐに、こうした御馳走をたらふく詰め込まれる。こうした原因が重なって、ルーアンの住民は早い時期から極端な肥満を示し、しばしば、体重過多で体の不調を訴えるようになる。
（レペック・ド・ラ・クロチュール『病気と流行病に関する観察集成』拙訳）

二つの証言を総合すると、十八世紀においては、すくなくとも、都市部の一般民衆は、砂糖を多量に使った甘いケーキや菓子パンを日常的に食べていたことがわかる。いいかえれば、砂糖は今日われわれが思っているほどには高くなかったのである。

だが、それではなぜ、砂糖はそれほど高くなかったのか？　大量に存在していたからである。すなわち、フランスは十七世紀の後半に獲得した西インド諸島でサトウキビのプランテーション化に成功し、十八世紀には安価な砂糖を大量に輸入できるようになっていたのである。『十九世紀ラルース』の記述によれば、一七四五年には、こうしたフランス領の植民地から積み出される砂糖の総量は一億二千五百万トンにも及んでいた。ルーアンやオルレアンには、砂糖の精製工場が作られ、砂糖は全国津々浦々にも行き渡るようになっていた。これは、甘味といえば、蜂蜜だけがたよりだった十七世紀とは雲泥の差であった。

サトウキビは、中世の十字軍の遠征によって初めてその存在を知られた亜熱帯性植物だが、オリエントのような温暖な地域でしか栽培できないものと考えられていたので、ヨーロッパでは、サトウキビから砂糖を得ることは不可能だと思われていた。したがって、新大陸の植民地化で、黒人奴隷を使用したサトウキビ・プランテーションが成立するまで、ヨーロッパは実質的に砂糖というものの存在を知らなかったことになる。砂糖が売られていても、それは薬種屋で薬として販売されていたにすぎない。

この意味で、十八世紀は、ヨーロッパ、とりわけフランスにとっては、大きな味覚革命、甘味革命の世紀だったのである。

では、マリ・アントワネットの逸話で言及される、もう一方の食べ物、すなわちパンはどうかといえば、こちらは、中世以来、その原料となる小麦が、収穫方法も耕地も肥料も、粉挽き技術もほとんど改良がなされなかったので、基本的に収穫高に飛躍的な変化はなかった。

しかし、その一方では、上質小麦のみを使った白パンを好む貴族の食生活に影響を受けた都市住民が次第に白パンを大量に消費するようになったうえ、大農家が現金収入確保のため、農業生産を小麦栽培から、利益幅の大きい畜産、酪農やブドウ栽培、養蚕などに転換したため、小麦は常に供給が不足がちとなり、パン、とりわけ白パンの価格は長期的上昇傾向にあった。そのため、零細農民は収穫された小麦をすべて都市の市場で売り払い、自分たちはライ麦パンかフスマ入りのパンで我慢するしかなかった。

こんな状態だから、ひとたび天候不順で凶作が起きると、白パンの原料となる小麦の価格は暴騰し、都市住民の生活を直撃した。一七八四年、間接税の徴税を請け負っていた徴税請負人たちがパリ市を城壁で取り囲んで市内に入る食料品から入市関税を徴収することに決定すると、とたんに、パンと小麦の価格は大暴騰し、これが、結局、一七八九年七月十四日のバスチーユ襲撃の引き金となったのである。

さて、「パンがないならケーキを食べればいいのに」という命題に戻ろう。マリ・アントワネットがこの命題の発言者でないことは明らかである。だが、もし仮にマリ・アントワネットがこう言ったとしたならば、案外、彼女、民衆の食糧事情に通じていたことになる。なぜなら、十八世紀末というこの時代にあっては、ケーキは新大陸からの砂糖の大量輸入のために相対的に安く、反対に白パンは良質小麦の供給不足の結果、相対的に高かったはずだからである。価格的な観点からいったら、白パンよりもケーキのほうが絶対的に高いということはなかった。したがって、パンがなければケーキを食べればいいという発想は、けっして世間知らずのお姫様の言い草ではないのである。

しかしながら、現実には、白パンがないならケーキを食べるということはまずありえなかった。なぜなら、この頃、都市の一般民衆は肉をほとんど食べず、白パンを一日に一キロ以上消化していた事実から明らかなように、民衆の食事において、白パンは文字どおりの主食、命の糧だったからである。「パンがないならケーキを食べればいい」というのは、日本人にむかって、米がないならお汁粉を食べろというに等しい。つまり、十八世紀の後半において、白パンは、パリの民衆にとって、置き換えのきかない主食となっていたというわけである。

とはいえ、白パンはずっと前からパリ民衆の主食だったわけではない。なぜなら、十八世紀でも、その前半には、パリの民衆にとって白パンはまだかなりの贅沢品だったからである。白パンがパリの民衆の主食となったのは、ブルジョワジーの社会的上昇に伴って、中産階級以下の人々までがその富のおこぼれにあずかるようになってからのこと、つまり十八世紀の後半にすぎない。この時期になって、ようやくパリの民衆は白パンのおいしさを知ったのである。そして、一度白パンのおいしさを覚えたら最後、どれほど懐が寂しくなっても、パリの民衆の舌はもうライ麦パンやフスマパンには戻れない舌になってしまった。その結果、徴税請負人の壁の建設で、小麦の価格が暴騰し、白パンが口に入らなくなったとき、パリの民衆は翻然と決起したのである。フランス革命は、白パンのおいしさを知ってしまったパリ民衆の味覚の反乱でもあったわけである。

ただ、正確を期するなら、白パンの味によって引き起こされた味覚革命に参加できたのはあくまで都市部の民衆であり、農村部の民衆は、それから一世紀あまりものあいだ白パンとは無縁の存在でありつづけた事実は指摘しておいたほうがいい。農村部の民衆が白パンを口にすることができるようになったのは、ようやく十九世紀の後半にフランスが食糧自給の方針を転換してアルゼンチンやウルグアイなどから大量の小麦を輸入するようになってからのことにすぎない。都市部と農村部では、味覚の変化に一世紀の開きがあったのである。

というわけで、主としてフランス人のパンと甘味の問題についてさまざまな角度から検討を加えてきたが、当時の食糧事情や味覚の有り様を考慮に入れるなら、「パンがないならケーキを食べればいいのに」ということの言葉がナンセンスなのは、一般に思われているようにパンよりケーキのほうが高いからというのではなく、パンとくに白パンは、民衆によってケーキではぜったいに代用がきかないほどおいしいと認識されていたためであることがわかってくる。

フランスの民衆は、甘味ではなく、白パンのおいしさを発見したとき、革命に立ち上がったのである。

フランスパンの発明

パン、チーズ、ワイン。これが日本人の「ご飯、漬物、味噌汁」に相当するフランス人の「食」の三位一体に当たることは、どんな人でも知っている。しかしながら、この三位一体が日常的に民衆の口に入るようになったのは数度にわたる食物のテクノロジー革命を経た十九世紀末だという事実は、かなりのフランス通にも知られていない。

とりわけ、パンについては、フランス人はバゲットやブールなどのあのフランスパンを昔から食べているものと思い込んでいる人がほとんどである。しかし、考えてみれば、日本人とて、民衆が白米を毎日口にできるようになったのは昭和三〇年代の高度成長以後のことであり、それ以前は、「貧乏人は麦を食え」と放言した大蔵大臣がいたり、「銀しゃり」という言葉が存在していたように、よほど裕福な家庭でないかぎり、三度三度の食事に白米を食べることはできなかったのであるから、日本以上に階級差の激しいフランスで、フランスパンを食べられないフランス人がいたとしても何の不思議もない。

フランスパン。もちろんフランスではただパンとだけ呼ばれるこのパンは、十九世紀以前と今日では、その実態に相当に大きな開きがあった。すなわち、現在、われわれがフランスパンと呼んでいる白パンのほとんどは小麦粉、より正確にいえば良質の強力粉《きょうりきこ》から作られるが、十九世紀以前には、農業大国のフランスにおいてさえも、良質の強力粉が少なかったばかりか、小麦自体の収穫量が少なかったため、民衆層、とりわけ農民は小麦粉の白パンではなく、ライ麦やフスマ、トウモロコシやそば粉などの混ぜ物をした色の黒いパンで我慢していた。いいかえれば、小麦の収穫量はフランスの全人口に白パンを供給するにはとうてい足りない状況が何世紀もの間続いていたのである。

では、十九世紀に入っても、小麦の収穫量が伸びなかったのはなぜなのかといえば、その理由は皮肉なことにフランス農業の恵まれた条件にあった。

フランス農業の進歩が、十九世紀に、アメリカやドイツに比べて大幅に遅れた最大の原因は、フランス革命で、小作農の大半が解放されて小さな分割地を所有する自営農民となったため、農地が細分化されて農作業の機械化がほとんど進展しなかったこと、および地味が豊かなせいで化学肥料の開発が進まず、品種改良の努力もなされなかったことにある。

つまり、他の先進国に比べて自作農が相対的に裕福なために、農業革新への意欲が薄く、当然の結果として主要農作物である小麦の収穫高はいっこうに伸びなかったのである。

しかし、一方では、幼児死亡率の低下によって人口が急増したため、小麦粉の需要は急速に増えつつあった。なかでも都市部では富裕階級の生活様式に触れる機会が多かったこともあって、下層階級においてさえも、白パン志向が次第に強まっていた。要するに、小麦の需要は都市部を中心に急速に拡大しているのに、供給の態勢が遅々として進まないという状況が生まれていたのである。

そのため、いったん凶作が起きると、小麦の需給関係は逼迫し、白パンを求める民衆の声は容易に暴動・革命へとつながった。当時は、肉やジャガイモなどがまだ民衆層にまで普及せず、都市の下層民の理想の食卓は白パンと野菜スープから成っていたので、小麦の不作は社会不安に直結していたわけである。

しかし、今日の常識から見れば、たとえ小麦の収穫高が同じでも、製粉技術が向上しさえすれば、小麦粉の生産高は増えるのではないかと考えるだろう。つまり一定の小麦でもより多くの小麦粉を生産できるはず、ということである。だが、十九世紀前半においては、製粉技術は、動力が風車や水車から蒸気機関に代わっただけで、小麦を粉にする肝心の粉挽きの工程は、紀元前の時代と変わらぬ石臼で行われていたから、粉挽きのスピードは速くなっても、同じ小麦から同じ量の小麦粉しか作れなかったのである。製粉のスピードがアップしても、小麦粉の全体量は増えないのも道理である。

この状況に革命をもたらしたのが、一八七〇年代に発明されたロール式製粉機である。この製粉機は、挽き臼ではなく、回転方向が反対向きの二本のロールを使う方法に基づいていた。しかも、その二本の円筒は回転数が異なっているため、小麦を自動的に巻き込むことが可能になり、ほとんど人手がかからなくなった。その上、ロールの回転数を変えた円筒が何段にも組み合わされているので、粉を澱粉質、グルテン質、油性の胚、フスマと呼ばれる皮などの成分に分離することができた。おかげで、品質の悪い小麦からも上質の小麦粉を作ることが可能になり、澱粉質、グルテン質の組み合わせも自由になった。ひとことでいえば、同じ量の小麦をもとにして、白パンの原料である強力粉をより多量に生産できる態勢が整ったのである。

パン革命の第二段階は、パストゥールの細菌の発見に続いて、オランダのハンセンが一八七〇年に酵母を人工的に作る方法を発明したときに訪れた。それまでは、酵母のほかにさまざまな細菌の混じったパン種《だね》をもとにしてパンを膨らませていたが、純粋な酵母菌の人工培養法の発明により、誰にでも、より正確によりふっくらとパンを膨らませることができるようになった。もちろんこれによって、パン種の値段が下がり、それにつれてパンの原価も安くなったことはいうまでもない。

しかも、この頃から、蒸気船による大西洋定期航路の開拓と保護貿易の緩和で、アメリカ、カナダ、アルゼンチンなどから大量の小麦が格安の値段で輸入されるようになったので、ようやく小麦粉の大量供給が可能となり、白パンの価格は大幅に低下し、民衆も十九世紀の末には日常的に白パンを口にする習慣を身につけたのである。

しかしながら、大量の小麦粉の供給と製粉技術の革新および人工酵母の発明で、白パンの製造が容易になったとはいえ、ここから先が、フランスの場合と、イギリス、アメリカの場合とでは、製パン技術の発展の仕方が大いに異なっている。すなわち、日本でフランスパンと呼ばれるものと、ブレッドつまりイギリスパンとでは、製パン技法の違いにより、製パンのオートメーション化の度合いに大きな差が出てきたのである。

一般に、強力粉を水で溶いてこねあげようとするとき、味付けとして塩や砂糖を入れると、グルテン質が弱まり、粘度が落ちることは知られている。余談だが、即席ラーメンの発明者、安藤百福が一番苦労したのもこの問題だった。つまり、強力粉に鶏がらスープの味をつけようとすると、塩分でグルテン質が弱まり麵がすぐに切れてしまったのである。

同じことは、パンについてもいえる。ただし、パンの場合は、塩分ではなく砂糖を加えることのほうが多い。とりわけ、イギリスパンと呼ばれる、ふっくらとして甘みのあるあの長方形のパンは砂糖を加えて作るので、グルテン質が弱まりパン生地は固まらず液状になる。そのため、こねあげもそれほど必要ではなく、焼くときも容器に入れてからオーブンにかける。

いっぽう、フランスパンは砂糖分をあまり含まないので、グルテン質が強く粘度は高いので容器に入れる必要はないが、パン生地に仕上げるまでこねあげるのに手間がかかる。

十九世紀の末に蒸気を利用した製パン技術が開拓されたとき、フランスパンとイギリスパンとでは、このこねあげの工程で大きな差異が生まれた。つまり、イギリスパンだと、パン生地が液状で柔らかいので、こねあげはオートメーション化された攪拌機で簡単に済ますことができたのに対し、フランスパンはパン生地が固く、こねあげ工程を機械化することは容易ではなかったのである。

その結果、イギリスパンは工場生産が可能になり、事実、アメリカでは、パンは工場で大量生産したものを配達するようになったが、フランスでは、パンはいつまでたっても町のパン屋がその日に売る分だけ自分の手で作るものと決まっていた。フランスパンはオートメーションがきかないとされていたのである。この傾向は十五年ほど前まで変わらなかった。

しかし、最近は、日本と同じように、スーパーなどで、ポリエチレンの袋につめたバゲットやブールが大量に積み上げられている光景に出くわすようになった。フランス人の中にも、こねあげ機械を使った工場生産のパンでもかまわないという無頓着な人間が増えているらしい。あれほど白パンにこだわったフランスの民衆がいくらでも白パンを食べられるようになると、とたんに執着を示さなくなったのである。これはフランス人の味覚の進歩なのか、それとも退歩なのか。一つだけ確実に言えることは、フランスではもうパンが原因で革命は起こらないということである。これだけは、はっきりと進歩と呼んでいい。

フランス人は美食家か？

フランスのレストランで供される料理は、異国系の料理を除けば、すべてこれ「フランス料理」である。ところが、「パリ・ジュネーブ・ローマ七日間の旅、ホテル代（朝夕食付）込みで十五万円」といった類いの安いパックツアーを利用した人の感想をたずねると、たいていの場合、「いやー、フランスのフランス料理というのはひどくまずいね。ローマで食べたイタリア料理のほうがよほどうまかった。フランスにはフランス料理というのはないのかい？」というような答えが返ってくる。

これは、ある意味ではまちがっているが、ある意味では正しい。

まちがっているというのは、いうまでもなく、フランスにも、日本でいうところの「フランス料理」程度のものを食べさせるレストランはたくさんあるし、日本のフランス料理がいくら頑張ってもかなわないような究極のグルメ料理を出すレストランもちゃんと存在しているからだ。要は、安いパックツアーに組み込まれたようなレストランではろくな料理が出てこないというだけのことである。

しかしながら、日本人にとって、フランスの「フランス料理」はまずいというのもまた真実なのである。つまり、平均以下のレストランの料理は、われわれ日本人が想像しているよりもはるかにまずい。日本人の舌を基準にすると、フランス料理を世界に冠たらしめているような「うまいレストラン」というのはせいぜい寛大に見積もっても十パーセントで、「まずまずのレストラン」が二十パーセント、残りの七十パーセントは、これがフランス料理かと驚くような「まずいレストラン」ということになる。特にドライブインのまずさときたら大変なもので、私もフランスからイタリアへ国境を越えたとたん、イタリアのドライブインはなんてうまいんだと感動したほどである。

商業的レストランでこの調子なのだから、学校、兵営、病院その他の共同施設の食堂の味は推して知るべしである。はっきりいって、こうした食堂のまずさ加減は信じられないほどのものである。大学の学生食堂を例にとって比較しても、日本の大学の学食のほうがはるかにうまいしバラエティーにも富んでいる。いまの日本の大学生は子供の頃からファミリー・レストランに通って舌が肥えているから、フランスの夏季研修などでこの学食を利用すると、たいてい不平たらたらで帰ってくる。良いダイエットになりましたという女子学生が多い。

しかし、こんなことでは驚いてはいけないらしい。フランス文学の大先輩の河盛好蔵先生にうかがった話では、学食などはまだましなほうなので、下には下があるようだ。ある夏、先生が奥様とご一緒にリゾート地の年配者用のコロニー（ヴァカンスの休暇村）で一カ月すごされたときのこと。前払いで払いこんだ金額はけっして少なくなかったにもかかわらず、そこの食堂の料理はこれからのヴァカンスが憂鬱になってしまうほどまずい。にもかかわらず、そのコロニーにいる他のフランス人は、少しも不満を漏らすことなく、じつにうまそうにあてがわれた料理を食べている。そこで、先生はフランス人は美食家だという神話におおいに疑問を感じられたそうである。この疑問にはたしかに十分な根拠がある。フランスでは、ミシュランやゴー・エ・ミヨーなどのレストラン・ガイドで扱われているような高級レストランなどには一生のあいだ一度も行ったことがないというフランス人のほうが圧倒的に多数派であり、シャトー・ラフィット・ロッチルドだとかロマネ・コンティなどといった超高級ワインは一滴も口にしないままあの世に旅立つ人がほとんどである。一般庶民は、スーパーで売っているテーブル・ワインの安いもの（十フラン、約二百五十円）だけを飲んでいる。家庭で食べる毎日の食事も、このワインに見合った程度のものにちがいない。つまり、まずいレストランの料理をうまいと感じ、学食やコロニーの食堂での料理に不平を漏らさない大部分のフランス人は、家庭においても、すくなくとも客観的には美食家などではないのである。

では、フランス人はまったく美食家ではないと断定できるかといえば、必ずしもそうはいかないところにおもしろさがある。つまり、日本人の舌からするとこれがなんでうまいんだと叫びたくなるような料理でも、フランス人は、「主観的」には、十分うまいと思って味わいつつ食べているのである。ここが重要なところである。

実際、フランス人ほど料理を「うまそうに」食べる民族をほかに知らない。フランスのレストランでは、別のテーブルに座った人があんまりうまそうに料理を食べているので、よほど美味なのだろうと思って、同じ料理を注文してひどい目にあうことがある。反対に、イギリス人の食事ぶりを見ていると、彼らは本当に食べることが嫌いなのだと思わざるをえない。彼らは死なないために食物を摂取しているとしか考えられない。

しかし、だからといって、イギリス人がつつしみ深く、フランス人が大袈裟なわけではない。フランス人は、やはり、心の底からうまいと思って料理を玩味しているのである。彼らに直接、あなたは美食家ですかとたずねれば、まず九十パーセントはウイという答えが返ってくるだろう。

しかし、だとすると、ここでひとつ問題が起こってくる。いったい、われわれの舌とフランス人の舌とどちらが正しいのかという疑問である。

おそらく、これは、日本のB級グルメという言葉をヒントにして、次のように考えればいいのではないか。すなわち、フランス人は基本的に全員グルメなのである。ただ同じグルメでも、A級グルメから始まって、B級、C級、D級……と各段階のグルメがある、と。そして、それは階級的にほぼ決定されていて、C級グルメはまちがってもA級グルメに昇進しようなどとは思わず、C級の範囲内で食べることを楽しむのである。C級にはC級の味わい方というものがあるのだ。

となると、食通ガイドに載っているレストランだけを食べ歩いて、フランス料理の本質を極めたなどといっているうちはまだ駆け出しで、本当にフランスの食文化について知りたければ、C級料理やD級料理の味わい方を会得しなければならないことになる。A級料理をうまいと感じるのはだれにでもできるが、C級、D級の料理をうまいと感じるには、長い経験が必要なのだろう。いいかえれば、われわれ日本人は、あくまで日本的な舌から軽率に判断して「まずい」といっているにすぎず、本当は「うまい」のかもしれないのである。その「うまさ」は、一般民衆と同じC、D級の料理を長い間食べ続けたのちにようやく味わうことのできる性質のものなのではなかろうか。すくなくとも、そう考えなければ、フランス人のあの「うまそうな顔」を説明することができない。

こうした味覚の相対性については、ひとつだけ「なるほど」と納得した経験がある。フランスのケーキである。日本人は、ケーキといえばフランスという先入観があるのでフランスのケーキはさぞやうまかろうと思うのだが、実際に食べてみると、かならずといっていいほどその過激な甘さに閉口する。とてもではないが食べられたものではない。しかもケーキが例外なく大きいのだ。よほどの甘党でも全部平らげることは不可能である。

ところが、これが不思議なもので、フランスに一年もいると、このケーキの甘さと大きさに慣れてくるのである。油っこい料理を食べたあとでは、甘さも大きさもちょうどよいと感じるようになる。

だから、日本に帰ってくると、日本のケーキの甘さと大きさが物足りなくなる。とりわけ懐かしく思い出されたのはパリのリヴォリ通りのサロン・ド・テの名物「超甘特大モンブラン」である。モンブランの底の砂糖の塊が忘れられない。

そのうち、このサロン・ド・テの支店が有楽町のデパートにできたという話を聞いたので、さっそく出掛けてみた。ところが、出てきたモンブランを見て驚いた。パリのモンブランよりも、ふた回りほど小ぶりなのである。しかも、甘さも大幅にセーヴしてある。つまり、日本人の舌と体にあわせて調整済みなのだ。これは同じモンブランでも、まったく似て非なるものである。

食に限らず、異文化というものは、すべてこのモンブランのようなものではなかろうか。すなわち、その国の最高水準にある文化というものは洗練の極にあり抽象度も高いので外国人にも容易に理解できるが、国民的感性のコアになっているような平均的な文化というものは、洗練されておらず抽象度が低いので、外国人にはそう簡単には理解できない。

だが、理解がその国の文化のコアにまで達して「超甘特大モンブラン」のおいしさがわかるようになると、その外国人はすでに半分その国の文化に取り込まれていて、モンブランを甘すぎると感じる外国人の感性を失っている。

こうした半外国人というものは、自国では、○○かぶれと言われて、うさん臭い目で見られるのが関の山である。「超甘特大モンブラン」がいくらおいしいといっても、その言葉が聞き入れられることはほとんどない。そこでしかたなく、甘さも大きさも調整済みのモンブランを差し出すことになる。

異文化理解というのはまことにもってむずかしい。

ヨーロッパのひとびとと酒

ヨーロッパと一口にいっても、フランス、スペイン、イタリア、ギリシャといった地中海沿岸のカトリック・ラテンの国々と、イギリス、ドイツ、オランダなどのプロテスタント・ゲルマンの国々では、さまざまな面で、その行動様式がまったくといっていいほど異なっていることは、ピーター・コレットが『ヨーロッパ人の奇妙なしぐさ』（草思社）で指摘したとおりだが、酒を飲むということについても、この二つのグループは際立った対照を示している。

すなわち、まず、飲む酒の種類でいえば、前者がワイン文化圏であるのに対して、後者はビール文化圏である。

また、酒を飲む場所でいえば、前者がレストランないしは家庭で料理と一緒にワインを飲むのに対して、後者は、ビヤホールやパブといったビール専門の酒場で、軽いおつまみだけを助けにビールを飲む。

さらに、だれと、どうやって飲むかというと、前者はごく親しい人（あるいは親しくなりたい人）と一緒にテーブルを囲んで同じビンのワインをみなで飲むが、後者はあくまで個人の資格で、バーテンダーにビールを一杯ずつ注文し、それから、常連の不特定多数の人たちと雑談を交わしながら飲むのが普通である。

もちろん、これには例外もあり、フランス人でも、カフェのカウンターで立ち飲みでビールを飲みながら常連と話をするのが好きな人もいるし、反対に、イギリス人でもレストランのテーブルを囲んでワインを飲みつつ料理に舌鼓を打つのを好む人もいる。というよりも、どちらの国でも、同一の人物が、こうしたふた通りの酒の飲み方をすることはごく当然のことなのである。

しかし、その点を認めるにしても、やはり、フランス人によって代表される地中海人はテーブルを囲んで集団でワインを飲み、イギリス人に象徴される北ヨーロッパ人はカウンターで単独でビールを注文するという原則は崩さなくてもよいように思う。なぜなら、それが彼らの日常の中の「主たる部分」、「意味をもつ部分」だからである。

では、いったい、どこから、こうした飲酒の習慣行動のちがいが出てきたのだろうか。ピーター・コレットなら、デスモンド・モリスのいうプロクセミクス・ゾーン(対人関係での距離の取り方)のちがいから、これを説明しようとするにちがいない。

プロクセミクス・ゾーンの南北的な相違とは、たとえば次のようなものである。

人と人が立ったり座ったりして話をするとき、地中海沿岸の人々は肘と肘で触れあえるほどの距離すなわち「肘ゾーン」で相手に接するのを好み、視線も相手の目をまともに凝視する「多視ゾーン」に属する。身振り手振りもおおげさで、おしゃべり好きである。いっぽう、北ヨーロッパ人は腕をいっぱいに伸ばしたとき、指先でかろうじて触れあえる程度の距離、つまり「指先ゾーン」で他人と接し、相手と直接に視線を交わすことを避ける「少視ゾーン」の文化圏に入る。身振り手振りは少なく、儀礼的な無関心を装う。

ワインの飲み方とビールの飲み方のちがいもここからある程度は演繹できる。

すなわち、「肘ゾーン」で相手に接し、相手の目をまともに凝視して、身振り手振りを交えて何時間もおしゃべりしなければ気がすまない地中海沿岸の人たちが一緒に酒を飲む

シャルル・マルタン「鼻の歓び」——一部の上流階級のものにすぎなかった高級ワインがブルジョワの間にも広まるにつれ、ワインの飲み方の指南書『ワイン飲みの技法』が酒屋チェーンの《ニコラ》から出版された。

としたら、それは、必然的に「一つ」のテーブルを四、五人で囲んで「一本」のビンの酒を分かち合って飲む形態を取らざるをえないが、この場合、ビールはいかにもふさわしくない。なぜかといえば、十九世紀の後半にビン・ビールが登場する以前には、ビールはすべて樽詰めであり、樽をテーブルの真ん中に置くわけにはいかなかったからだ。第一、ビールでは消化が早すぎて、何時間ものおしゃべりには向かない。

これに対し、コルク栓の発見によってビン詰めが早くから可能になったワインは、パンやチーズ、肉との相性の良さから食中酒としての地位を確保したことで、「一つ」のテーブルの真ん中に置かれる「一本」のビンという主役を演ずることができるようになった。ワインの消化速度もテーブルでの飲酒にはピッタリだったし、パンはキリストの肉であり、ワインはその血であるとしたカトリックの教義も味方した。ひとことでいえば、「肘ゾーン」「多視ゾーン」「饒舌ゾーン」である地中海沿岸の諸国では、ワインを受け入れ、ビールを拒絶したのである。

だが、拒む人あれば、歓迎する人もいる。すなわち、他人とは「指先ゾーン」でしか接しようとせず、凝視や身振り手振りを控え、寡黙を好む北ヨーロッパの人たちにとって、樽からジョッキに分けたビールというのは、相手との距離を保つにはなかなかピッタリとした飲み物だった。というのも、ビール・ジョッキは、レストランのテーブルで人と肘つきあわせて飲むには、そのサイズからしていかにも不向きなものだが、パブのカウンターや立ち飲みテーブルで、当たりさわりのない日常会話を交わすためのバリアーとしてはちょうどよい大きさである。またビールの消化に要する時間も短くて、濃密な人間関係を生むには至らない。それに、ジョッキを持っていれば、おおげさな身振り手振りも必然的にできなくなる。視線の直接の交錯も、ジョッキのビールを眺めていれば避けられる。ようするに、ジョッキのビールは、「指先ゾーン」「少視ゾーン」「寡黙ゾーン」である北ヨーロッパの諸国では、彼らの望む淡い人間関係に最適な飲み物だったのである。

しかしながら、以上の説明がいかにもっともらしく聞こえようと、唯物論的な歴史地理学の立場からすると、これはとうてい受け入れがたい議論ということになる。なぜなら、唯物論の見方からいえば、第一に地理的・風土的差異が前提としてあり、次にその地理と風土が生み出す事物がきて、最後にそこに住む人間の習慣行動というのが順序だからである。

したがって、地中海沿岸と北ヨーロッパという地理上の位置から生まれる差異を問題とするのであれば、習慣行動よりもまず事物、つまり、ワインとビールのほうを取り上げなければならない。なぜなら、人間よりもブドウと大麦のほうが先に存在していたからである。

では、「唯物論的」にワイン文化圏とビール文化圏を論ずるとどういうことになるのか。

当然ながら、前提と結論がひっくりかえり、地中海沿岸諸国は、ワインがあったからこそ「肘ゾーン」「多視ゾーン」「饒舌ゾーン」になったのであり、また北ヨーロッパは、ビールがあったがゆえに「指先ゾーン」「少視ゾーン」「寡黙ゾーン」になったということになる。すべての国民性、民族性の形成の「核」には酒があるということだ。

もちろん、これは論証上のレトリックを誇張した詭弁であり、だれしも、二つの対照的な習慣行動のゾーンが酒のちがいだけで生まれてきたのでないことぐらいはすぐにわかる。逆はかならずしも真ならずである。

しかし、それでもなお、わたしとしては、こうした唯「酒」論的な文明論を捨てきることはできない。なぜなら、酒を飲むために集うとき、その国の習慣行動が一番はっきりとした形で出るからである。「どんなものを食べているかいってみたまえ。君がどんな人であるかいってみせよう」といった『美味礼讃』のブリヤ゠サヴァランにならっていえば、ヨーロッパでは、その人がどんな酒をどんな形で飲むかを見ていれば、目の色、髪の色以上に、何国人か識別がつくのである。

第2章　かぐ

匂いの不意打ち

クリニャンクールの蚤の市に出掛けるときは、なぜか雨と決まっている。人影もまばらなバラックのトタン屋根に雨の音が陰気に響く。店主は、他の店の人間たちとおしゃべりすることにも飽きたらしく、クロスワードパズルに熱中して、一言も発しない。

そして、そんなときには、水蒸気に熱されるのか、どの店でも、乱雑に並べられたアンティークの家具や衣装が、よく「匂う」。カビの匂い、ホコリの匂い、あるいは長い間に蓄積した人間の生活の匂い。だが、そうした不快な匂いの層の中から、微かな香水の匂いがたちのぼってくることがある。

もちろん、香水といっても、揮発性の成分はとうに消え去っているから、鼻孔に届くのは、香水のなかでもっとも重厚でしつこい、麝香《じゃこう》、竜涎香《りゅうぜんこう》（アンバー）、霊猫香《れいびょうこう》（シヴェット）などの動物性の香料だ。それははるか以前に失われてしまった時間の香り。戦前の、アール・デコの時代の、ベル・エポックの、世紀末の、第二帝政の、いやもっと昔の十八世紀のロココの香りかもしれない。いずれにしても、カビやホコリの分厚い覆いをかいくぐるようにして漂ってくる香水の残り香を吸い込むとき、かつて、ある小説のなかで読んだ断片が鮮やかな映像をともなってあらわれてくる。

修道院の寄宿学校から八年ぶりで両親の邸宅に戻った十八歳の娘ルイーズ・ド・ショーリューは、かつて自分を愛してくれた、今は亡き祖母の公爵夫人の部屋に入る。

思い出にふけっていると、ふいに最初の気持ちがかわって来ました。神聖さをけがすように思われたものが、いかにもきよらかに見え出しました。ほのかにただよってくる元帥夫人の粉白粉の香りを嗅ぐのも快く、白模様のはいった黄色いどんすのカーテンのかげに眠るのも快く感じられたのです。（中略）お祖母さまがおみあしを支えの台の上にのせ、長椅子のなかにふかぶかと腰を下ろし、そうした姿勢で膝の上に少しまくれあがった着物の裾をそのままに、棚の上、香料の箱と絹の婦人手袋とのあいだに置いた煙草入れを、手に取ったりなさるお姿を、わたしは何度見たことでしょう。

（バルザック『二人の若妻の手記』鈴木力衛訳　東京創元社）

そうなのだ、雨の日の蚤の市で漂ってくるあの微かな香水の匂いというのは、ルイ十五世の治下で浮名を流した老公爵夫人の部屋にこもっていた匂いなのだ。もちろん、ルイーズ・ド・ショーリューとちがって、そんな公爵夫人に会ったはずもないし、実際の部屋も知るわけもない。だが、いまではガラクタとなってしまってアンティークの家具や衣装に残るわずかな量の麝香の、竜涎香の、霊猫香の匂いは、「そうにちがいない」「そうでないはずがない」と確信させるなにかを含んでいる。

なぜなら、香水というのは、何年、何十年、何百年隔たっていようとも、過去のすべてを、そしてそれが完全に架空のものであろうと、一瞬のうちにして蘇らせる摩訶不思議な力をもっているからである。

あるいは、それが、ある種のエロティシズムと結びついた動物性の香水、野獣の香りであるからかもしれない。十八世紀の貴婦人たちは、セックス・アピールのために、動物性の香水を多用し、猛獣のように男たちの前で身構えていた。この匂いには、カサノヴァはむろんのこと、あのゲーテさえもがひとたまりもなかった。

フランソワーズ・サガンは言う。

香りはとびきり野蛮で獰猛な禽獣なのである。それはだしぬけに人の肝をつぶす。（中略）情容赦もない香りたち。ほかの感覚からならまだしも逃げようがある。眼をつむるとか、音楽をとめるとか、ある種の接触を避けるとか、心を癒そうという気にさえなっていればまずなんでもできる。でも、呼吸しないわけにはいかないのだ。

（F・サガン&G・アノトー『香水』鷲見洋一訳　新潮社）

降りしきる雨に追われるようにして蚤の市のバラックに飛び込んだ一人の日本人もまた、

呼吸しないわけにはいかなかった。そして、そこで、アンティークの家具の引き出しの奥か衣装のひだにでも残っていた動物性香水の、微かだが強烈な匂いに出会い、はるか以前に読んだ『二人の若妻の手記』のイメージ、長椅子に横たわって過去の思い出にひたるあの公爵夫人のイメージを思い浮かべることになったのだ。

鼻はいつなんどき過去からの襲撃、不意打ちをうけるかわからない。しかもこの不意打ちは、知性がこの領域にはまったく関与しないだけに、なおさらすさまじいのである。

（サガン　同書）

匂いは、過去からの襲撃を呼び起こすだけではない。かつて一度も経験したことのないフィクションの世界からの不意打ちも呼びこんでしまうのである。もっとも、その不意打ちは決して不愉快なものではないのだが。

王妃と香水

シャルル・ド・ゴール空港に到着して、サテライトからエスカレーターで、入国検査に向かう途中、出国のために反対方向から来るフランス女性とすれ違う。その瞬間、日本ではあまり使われてないアナイス・アナイスとかカボシャールなどポピュラーな香水の匂いが鼻孔をかすめる。すると、それまで、日本時間の延長で動いていた体内時計が急に歩みをとめ、フランス時間に切り替わる。と同時に、「ああ、やっとフランスに来たんだ」という実感が心の底からこみあげてくる。フランスに旅する喜びは、この一瞬にあるといってもいいすぎではない。

　このように、今では、香水といえばフランス、フランスといえば香水というように、両者は、ほとんどメタファー（隠喩）のような関係になっているが、この関係ができあがるまでに、かなり長い年月がかかっていることは案外知られていない。そして、香水とフランスが重なり合うに至るこうした匂いの歴史の道筋には、まるで道しるべのようにフランスの王室や皇室に嫁いだ外国人の王妃や皇妃の名前が刻まれている。それは、逆にいえばフランスは元来、香水とは無縁な国だったことを物語っている。

　といっても、中世のフランスで芳香性物質が知られていなかったというのではない。オリエントから輸入された竜涎香や麝香などの動物性の香り、あるいはカネルやイリスなど植物性の芳香剤が粉末の状態でペストよけに使われていたからだ。なかでも高貴な身分の王族・貴族は、これらの粉末を入れた匂い玉《ポマンデール》（金銀細工の孔あきボール）を首からさげたり、腰につけたりして、悪臭の漂う場所やペスト患者の近くに来ると、これを鼻にもってきて芳香を吸い込むようにしていた。

　ただ、中世の人々はこうした粉末状の芳香性物質を知ってはいたが、香りを液体の中に封じ込めるという方法、つまり「香水」をつくる方法を知らなかったのである。

「香水」が生まれるきっかけとなったのは、中世末期の十四世紀に、錬金術の副産物として葡萄酒からアルコールを蒸溜する製法が考え出されたことである。すなわち、芳香を放つ植物をアルコールに浸けると匂いのエッセンスが抽出されることが発見されたのである。だが、原理はわかっても、蒸発しやすいアルコールでは、なかなか安定した状態で匂いを吸収することはできなかった。

　ところが、ここにおのれの魅力を保つ秘薬をつくりだすという考えにとりつかれたひとりの女王がいた。ハンガリーの女王エリザベートである。彼女は、ある隠者と一緒になって、実験を繰り返し、アルコールに微量のオイルを加えて、香りを吸収させる方法を考えだし、ついに「香水」をつくりだすことに成功した。これが、世界最初の香水「ハンガリー女王水」である。エリザベートはこの香水を使ったおかげで、いつまでも若さを保つことができたといわれている。

　この「香水」の発明で、一躍、香水の製造地として注目を集めるようになったのが、錬金術によって化学が発達していたイタリアのフィレンツェだった。とりわけ巨万の富を有するメディチ家は自宅に大規模な蒸溜装置を作り、秘法の香水を次々に作り出してさらなる富を蓄えるようになった。もちろんメディチ家は薬学の知識に詳しかったので、香水と毒薬の調合は表裏一体をなしていた。

このメディチ家から、フランス・ヴァロワ朝のアンリ二世に嫁いだのが、かの有名なカトリーヌ・ド・メディシスである。カトリーヌ・ド・メディシスは自らも薬学や医学に関する深い造詣をもっていたが、アンリ二世に輿入れしたときには、お抱えの調香師ルネを一緒にパリに連れてくるのを忘れなかった。ルネはカトリーヌ・ド・メディシスや侍女たちのために香水や媚薬などを調合するかたわら、許可を得てシャンジュ橋（一説にサン＝ミシェル橋）の上に香水の店を開いた。当時はセーヌにかかる橋もフィレンツェのポンテ・ヴェッキオのように両側に建物が立ち並んでいたのである。

ときあたかも宗教戦争が激しさを増していた時代だったので、カトリーヌ・ド・メディシスはこのルネの力を借りて、毒薬で敵方の重要人物を次々と暗殺していったといわれる。その犠牲となったひとりに、フランス南部にあったナヴァール王国の女王ジャンヌ・ダルブレがいた。ジャンヌ・ダルブレは息子のアンリ・ド・ナヴァール（のちのアンリ四世）とカトリーヌ・ド・メディシスの娘マルグリッド（マルゴ）との縁談をまとめるためにパリにやって来たが、そのときルネの店で誂《あつら》えた手袋に毒薬が染み込ませてあったので、衰弱して死んだと噂された。

四年前に封切られたアレクサンドル・デュマ原作、イザベル・アジャーニ主演の「王妃マルゴ」では、娘マルゴの婿であるアンリ・ド・ナヴァールを殺そうとして、カトリーヌ・ド・メディシスがことあるごとに毒薬を使おうとする姿が描かれている。

それはさておき、このマルゴとアンリ・ド・ナヴァールの結婚においては、「匂い」に対する感受性のちがいが夫婦関係の妨げになったという点は注目されてもよい。すなわち、カトリーヌの娘だったマルゴはつねに化粧水で身繕いし、匂いにはきわめて敏感だったのに対し、夫のアンリ・ド・ナヴァールのほうは、腋臭《わきが》の上に足臭さで、さらに口からはニンニクの臭いをプンプンさせていたので、マルゴはとうてい一緒にベッドに入る気になれず、なかなか夫婦関係を結ぼうとはしなかったらしい。いいかえれば、イタリアからもたらされた匂いに敏感な感受性と、南フランスの匂いに鈍感な感受性は、ついに打ち解けあうことができなかったのである。

だが、フランスの宮廷で勝利をおさめたのは、結局のところ、後者のほう、つまり匂いに鈍感な感受性のほうだった。というのも、カトリーヌ・ド・メディシスの四人の息子はいずれも若死にし、イタリア的な感受性をもつヴァロワ王朝が断絶してしまったのに対し、悪臭の王アンリ・ド・ナヴァールは、マルゴを離縁してフランス王の座につき、ブルボン王朝の開祖アンリ四世となるからである。その結果、アンリ四世から、ルイ十三世、ルイ十四世、ルイ十五世と続くブルボン王朝の宮廷では、匂いに対する敏感さは完全に麻痺《まひ》するに至り、宮廷は絢爛《けんらん》たる外見にもかかわらず、嗅覚的には今日の人ではとうてい我慢できないような悪臭漂う環境になってしまった。社会の上層部がこの調子なら、当然、下層部、つまり民衆も、匂いには鈍感にならざるをえない。そのため、パリの町は、ほとんどゴミためにちかい様相を呈し、外国からやって来た観光客は嘔吐《おうと》をこらえるのに苦労したといわれる。

では、こうした匂いに鈍感な感受性の人々は、香水に対してどのような態度をとっていたかといえば、これは、強烈な匂いを発する竜涎香や麝香などの動物性の香水一辺倒だった。宮廷の女たちは、これらの動物性の香水で男たちの気を引こうと競い合っていた。

匂いの感受性に変化をもたらしたのは、十八世紀の後半、オーストリアの宮廷からルイ十六世に輿入れしたマリ・アントワネットだった。マリ・アントワネット王妃は、オーストリアの宮廷の清潔な環境に育ったので、匂いにはことのほか敏感で、宮廷中に漂う悪臭に我慢できなかった。また、香水に関しても、彼女は「ハンガリー女王水」の系譜を受け継ぐ植物性の香水を好んでいたので、動物性の香水はどうしても受けつけなかった。

この彼女のオーストリア的感受性に、折から盛んになっていた公衆衛生学の悪臭追放キ

ジョルジュ・バルビエ「フランスの香水」――18世紀のフランスの宮廷では、1750年頃を境に、滑らかな肌の匂いを引き立てる植物性香水がフェロモンとしての動物性香水にとってかわることになる。そのきっかけとなったのは、オーストリアの皇室から輿入れしたマリ・アントワネットだった。

ャンペーンが同調し、さらには、そこに、自然への回帰を唱え、野の花を愛するスイス人ルソーの敏感な感性が加わって、時代の好みは、やがて、悪臭から芳香へ、動物性香水から植物性香水へと、突如、一八〇度の大転換を遂げることになるのである。

この嗅覚の方向転換に決定的な影響を与えたのは、十九世紀の半ばに、皇帝ナポレオン三世の皇后となったスペイン女性ウージェニーだった。皇后はとりわけ甘美なライムやレモンの香りを好み、温室で植物の間を散歩するのを趣味としたので、調香師たちは、彼女の感性にあうような香水を生み出そうとたがいに競いあった。なかでも、ラ・ペ通りに店を構えていた当代一の調香師ゲルランは「野の香り」「花の精」などのフローラル系の香水を発売したあと、ついに「オ・ド・コローニュ・アンペリアル」つまり「皇后のオーデコロン」という傑作を調合して、皇后御用達となり、その名声を決定的なものにした。

このとき初めて「香水」と「フランス」は重なりあい、たがいにメタファーの関係に入ったということができるのである。

だが、こうしてみると、現在のフランス香水の成分には、カトリーヌ・ド・メディシス、マリ・アントワネット、ウージェニー皇后という三人の外国人の女性の感受性がベースとして入っていることになる。

フランスの文化は、香水においてもまた、他の分野と同じように、外国人の新しい感受性を自らのうちに取り入れて、よりフランス的なものを生み出すという、他の国では真似のできない奇跡を演じているのである。

香水の都の誕生――パリと匂いの近代

香水は中世末期のペストの大流行から生まれた。これは誇張ではない。一三四八年、ジェノヴァの商船によって黒海からイタリアにもたらされたペストは、十四世紀から十六世紀にかけて、ヨーロッパの総人口を半減させるほどの猛威をふるったが、このペストの唯一の予防薬と見なされていたのが、かぐわしい香りを発する芳香性の物質である。『エジプトから十九世紀までの香水の歴史』の中で、ギスレーヌ・ピルリヴュイトはこの事実を次のように指摘している。

オリヴィエ・ド・ラ・エーは、この疫病と戦うためには、部屋の床に芳香性の植物を撒き散らすか、あるいは水か酢を撒いてその上にバラか野バラの花びらを敷き詰めるのがよいと勧めた。さもなければ、家全体に芳香性の液体を撒くか、あるいは香炉でマンネンロウやネズの実を燃やすようにするとよいと述べた。ペスト患者と接触した人々は、芳香剤を含んだブドウ酒で手を洗い、口をすすいだ。そのブドウ酒に含まれていたのは、胡椒、肉桂《にっけい》(シナモン)、生姜、麝香(ムスク)、クローブ、ニクズクなどである。(拙訳)

芳香性の物質で伝染病を予防するというこうした方法は、当時、支配的だった「空気感染説」という学説からきていた。すなわち、伝染病はすべて〝ミアスム〟(瘴気《しょうき》)を含んだ悪い空気によってもたらされる以上、ミアスムに打ち勝つには、ミアスムを中和するような芳香を吸い込まなければならないという考えである。ところで、ペストはこれまでのどんな流行病よりも強力である。ならば、これまでのどんな芳香性物質よりも強力な芳香剤を開発するしか対抗手段はない。かくして、中世末期のヨーロッパには、今日、エイズの特効薬に対するのと同じような、芳香剤、とりわけ強力な動物性の香りの粉末に対する大きな需要が生まれた。ペストにおびえるヨーロッパの人々にとって、新しい芳香剤や香りの粉末を手に入れることは、文字どおりの死活問題となったのである。

といっても、当時、すなわち中世末期においては、芳香剤や香りの粉末は、まだたいへんに高価な品物だった。というのも、それらの原料のほとんどは、オリエントやインドから、地中海経由でもたらされるものだったからである。この地中海貿易を独占していたのがヴェネチアで、麝香、竜涎香、霊猫香などの動物性香り、あるいは、肉桂、安息香、白檀《びゃくだん》などの芳香木、さらにはバラ、ラベンダー、マンネンロウ等の香しい花の粉末などをオリエントから輸入しては、ヨーロッパの都市に運び、これをとてつもない金額で売りさばいて巨万の富を得ていた。

したがって、ペスト発生以前の時代にあっても、これらの芳香剤や香りを入手できるのは大金持ちの王侯貴族に限られていた。彼らは、ポマンデールと呼ばれる匂い玉の中に麝香や竜涎香を入れ、伝染の恐れのある空気の中にいると感じたときには、すぐにその匂いをかぐように心掛けた。ポマンデールは、金メッキを施した銀製の半球を二つ重ねたもので、軽く振ると、ところどころにあいた小孔から匂い粉が少しずつ漏れ出てくる仕組みになっていた。このポマンデール自体も細工を施した非常に高価なものだったので、香り入りのポマンデールを持ち歩くことは王侯貴族のみに許された最高のステイタス・シンボルとなっていたのである。

ペストが流行すると、王侯貴族は、争ってポマンデール用の芳香性物質や香りを入手しようとしたが、もともと供給が極端に少なかったため、これらの価格は天文学的な数字にまで達した。これを見た若い冒険家たちは考えた。ヴェネチアの輸入先である地中海沿岸都市よりもさらに遠いところ、つまり麝香や肉桂、バラなどの産地であるインドから直接輸入する手段を見いだせば、巨万の富を得ることができるにちがいない。やがて冒険家たちの夢が夢でなくなる日がやってきた。大航海時代の幕開けである。

十五世紀の末、コロンブスやバスコ・ダ・ガマが帆船に乗って、インドの香料や芳香剤を探しに旅立った頃、フィレンツェでは、メディチ家の巨万の富を背景にして、調香師たちが新しい香water の開発にしのぎを削っていた。というのも、彼らは、アラブ人が伝えた蒸溜器を使って葡萄酒からアルコールを蒸溜し、これを用いて、芳香性の花や植物からその香りを抽出する浸漬法《しんし》（または浸出法）をすでに知っていたからである。もっとも、アルコールによって花の香りを抽出するこの浸漬法は、彼らフィレンツェの調香師によって発明されたわけではなく、中世の王侯に雇われた錬金術師の考案になるものだった。一三七〇年、永遠の美しさを願ったハンガリーの女王エリザベートは、ある隠者の処方に則って、湯煎鍋で作ったアルコールにマンネンロウを浸し、世界初の近代的香水を作り出すことに成功した。女王は、すでに七十歳に手の届く年齢だったが、この「ハンガリー女王水」を試すやいなや、たちまちのうちに若返り、見違えるほどに美しくなったので、隣国のポーランド王は、年の差を顧みずに、結婚を申し込んだと伝えられている。

フィレンツェの調香師たちは、この先例にならってさまざまな芳香性物質から匂いを抽出しようと努力していたが、彼らを雇っていたメディチ家の貴族のなかには、自ら薬学を学び香水の調合を趣味とするものもあらわれた。フランス王アンリ二世に嫁いだカトリーヌ・ド・メディシスはその典型で、香水はおろか毒薬まで調合すると噂されたが、彼女は一五三三年にイタリアからフランスに輿入れしたとき、お抱えの調香師ルネをパリに連れて来るのを忘れなかった。ルネはシャンジュ橋（一説にサン＝ミシェル橋）に店を構え、カトリーヌ・ド・メディシスの命令を受けるとただちに香水や毒薬を調合して宮廷に届けた。

ところで、アレクサンドル・デュマの小説『王妃マルゴ』によれば、このルネの店の看板には「フィレンツェ人の香水屋ルネの店」としるされていたということだが、これは、いささか歴史的事実とは異なっている。なぜなら、当時、香水屋という職業はまだ認可されておらず、香水を扱う店として王の認可状をもっていたのは「薬屋＝食料品屋」か「手袋屋＝香水屋」かいずれかのギルドに属する商人だけだったからである。ルネは、カトリーヌ・ド・メディシスのために手袋も扱っていたので、おそらく後者の「手袋屋＝香水屋」の看板を掲げていたものと思われる。

ではなぜ、手袋屋が香水屋も兼ねていたのだろうか。この疑問に答えるためには、当時フランス中の手袋製造を一手にひきうけていた南仏のとある町に出掛けてみるほかはない。

南仏の町グラースは、十四世紀にはすでに、なめし皮の製造で知られていた。グラースのなめし皮は、スペインから輸入されたヤギ皮をもとにして作られた緑色のしなやかな皮で、カトリーヌ・ド・メディシスの時代に手袋が流行すると、高級手袋には欠かせない素材として珍重されるようになったが、人尿でなめされるきつい皮の匂いを和らげるために、香水、とくにフローラル系統の香水を必要としていた。この香水はイタリアからの輸入に頼っていたので、非常に高価であるうえに、いつ何時輸入が途絶えるかわからないという心配があったが、その恐れは、十六世紀初頭のシャルル八世の始めたイタリア戦争で、たちまち現実のものとなった。そこで、グラースのなめし皮業者は、窮余の一策として、近隣の農家に働きかけてラベンダーやバラなどの花を栽培させ、それをもとに香水を製造することにした。幸い、グラース周辺の土壌は花の栽培に適していた。

こうして、グラースは、なめし皮と同時にフローラル系の香水の産地としても知られるようになった。大都市の「手袋屋」が「香水屋」の看板も掲げて、この二つを販売していたのは、仕入れ先が同じグラースだったからである。やがてなめし皮の手袋の流行がすたれると、「手袋屋＝香水屋」は営業品目から手袋をはずし、香水だけを販売するようになる。もちろん、そのときには、フローラル系の香水だけではなく、動物性香水を含めてあらゆる香水を扱うようになっていた。

しかし、ここで疑問が生じる。十六世紀の後半にはペストの勢いは衰えていたはずだから、疫病予防薬としての需要が減ったのなら、香水の需要も減っていたのではないだろうか？　ところが、現実には、王侯貴族のあいだでは、香水があいかわらずの人気を保ち、もっぱら別の用途に用いられるようになっていたのである。

香水の新しい使用法は、アンリ三世の時代に急速に広まったが、これもその原因をたどってゆくと、またもやペストの流行へと行き着く。ただこの場合には、ペストとむすびついていたのは空気ではなく、水である。

空気感染説を採らない医学者たちが疑いの目をむけていたのは、水、とりわけ中世末期においておおいに人々の人気を集めていた共同浴場である。彼らは、ペストや新大陸からもたらされた梅毒は、この共同浴場の水を介して伝染すると信じた。そこで、国王に進言して公衆浴場を廃止させ、入浴もできる限り手控えるように命じた。この医学的命令はたちまちのうちに宮廷で受け入れられ、十六世紀後半以後、宮廷人は男女を問わず入浴の習慣を完全になくした。

しかし、そうなると、当然ながら体臭をどう処理するかという問題が起こってくる。とりわけ女性はこの問題に苦慮した。だが、ここで、体臭を隠すために女性がかぐわしいフローラル系の香水を使用するようになったと考えるのは早計に過ぎる。入浴しない女性の体臭はそうした類いの香水では覆い隠せるものではないからである。

ではどうしたかといえば、意外なことに、麝香、竜涎香、霊猫香などのきつい臭気をもつ動物性香水の使用によって体臭をむしろ強調する方向へと進んだのである。アラン・コルバンは『においの歴史』の中でハヴロック・エリスの見解に拠りながらこう結論している。

エリスの考えるところでは、十八世紀の末までは、女性が香水をつけるのは、当時いわれていたのとは違って、自分たちの体臭を隠すためではなく、それを強調するためだった。香水の機能は、体の線を強調するコルセットのそれと同じものだったのである。

（山田登世子・鹿島茂訳　藤原書店）

宮廷の貴婦人たちは靴下止めやブラジャーに動物性香水を染み込ませ、娼婦たちはヴァギナの中に浣腸器で麝香や竜涎香を注入した。男たちも負けてはいなかった。とりわけ、男色趣味のあったアンリ三世の宮廷では、ミニョンと呼ばれた稚児たちが体中に竜涎香を振りかけ、国王の歓心を得ようとした。また、男の強烈な体臭は、女性たちに拒否されるどころか、精力の強い証拠として歓迎された。

こうした強烈な体臭と動物性香水への好みは、必然的に、嗅覚それ自体を極めて鈍感なものにした。そのせいか、パリの衛生状態は、今日では到底信じられないほどに劣悪なものになっていた。パリ市内にも宮廷にもほとんど便所らしい便所がなかったので、糞便はいたるところに山のようにたまり、生活ゴミと一緒になって、今日の人間ではとうてい我慢しかねるような悪臭を放っていた。しかし、貴族も民衆も十八世紀の前半までは、この劣悪な嗅覚的環境にだれ一人として異議を唱えようとはしなかった。

ところが、十八世紀の中頃に至って、突然、アラン・コルバンが嗅覚革命と名付けた、悪臭への強い反発が起こった。ブルジョワたち、とりわけ、新しい化学的知識で武装した学者たちは、腐敗と発酵の現象を観察するうちに、有機体が死に、解体へと至る過程で悪臭が発生する事実を突き止め、悪臭を吸い込むことは「死」の原因を体内に入れるに等しいという結論を導きだした。ようするに、空気感染説のリバイバルで、ミアスムの原因を悪臭に求めた点が目新しいだけだったが、この学説は、パリの嗅覚的環境にどうしてもなじむことのできなかったスイス人ルソーの「自然に帰れ！」という主張とみごとに呼応して、悪臭の断罪をひとつの大きな社会的潮流へと変えることとなった。

これ以後、悪臭に満ちた外的環境、垢だらけの不潔な肉体、体臭を強調する動物性香水という、ルネッサンス以来の悪臭の三位一体がともに激しい批判にさらされることになる。パリ市内からの糞便とゴミの除去が緊急の問題として議論されるいっぽう、肉体から垢を取り除く手段として、じつに三世紀ぶりに入浴が復権を果たす。それと同時に、女性の魅力はフェロモンにあるのではなく、清潔な皮膚のほのかな体臭にあるとする考えが主流となり、女性の肌のデリケートな匂いを引き立てるものとしてフローラル系香水の自然の香りがもてはやされる。

きつい香水という覆いによってかえって自己の不潔さを人に教えるのではなく、逆に自己の独自性を示す体臭がおのずと漂い出るようにするほうが好ましい。その人の魅力を、明らかな調和によって強調できるのは、念入りに選び抜かれた、ある種の植物性の匂いだけである。

（コルバン『においの歴史』）

ここに至ってようやく香水は近代的な意味を見いだすことになる。香水は女性の個性の表現であるという考えが支配的になったのである。

現在、フランスの女性は世界でもっとも個性的であるといわれるが、その秘訣は案外、自分にあった香水を選ぶというその姿勢から生まれたのかもしれない。

嗅覚と社会的想像力

パリには独特の匂いがある。とくにメトロの中の匂いは、「一嗅」忘れがたい。かつて作曲家の高木東六氏はラジオのインタビューの中で、「あれはね、フランスの女のひとには腋臭が多いでしょ。その匂いを消すためにね、強い香水をふりかけるせいですよ」と語っていたが、あるとき、新宿の地下街を歩いていると、ふいにこのパリのメトロの匂いが鼻をついた。驚いてあたりを見回したら、女子学生の言うところの「レゲエのおじさん」が四、五人、新聞紙を敷いた上に寝ていた。匂いはまぎれもなく、このおじさんたちのいるあたりから漂ってきていた。なんのことはない、パリのメトロの匂いとは、浮浪者たちの体臭と、小便の染み込んだ新聞紙の匂いと、芳香剤入りの消毒薬の混じりあった匂いだったのだ。もちろん、これにパリの浮浪者たちに欠かせない葡萄酒の甘酸っぱい匂いを加えれば、メトロの匂いのアマルガムとしては完壁に近いものが出来上がるだろう。だが、この匂いがまったく不快なものかと言えば、必ずしもそうとは断定できない何かがある。それは奇妙に懐かしく、またどことなく恥ずかしい、人間そのものへのノスタルジーをかきたてるような匂いだった。日本の都市はこうした文字どおりの「人間的な匂い」を欠くようになって久しいが、パリでは逆に幾世代にもわたって蓄積・沈澱した匂いが地下道や建物の壁に染み込み、鋪石のあいだに入り込み、都市そのものの匂いとなって、無臭の環境になれた日本人旅行者の鼻を襲うのである。それは、個体から発した匂いがやがて社会全体の匂いとなり、最後は自然それ自体の匂いと化しているかのようである。日本でこの匂いをかげば不快にしか感じない者も、パリだと「これがパリの匂いだ」と妙に納得してしまう。もっとも、パリに長く住んでいる者はそもそもこの匂いの存在に気づきもしないだろうが。アラン・コルバン『においの歴史』によると、現在のパリは無臭の環境に近づきつつあるということであるが、われわれ日本人の鼻からすれば、パリはまだまだ「におう」のである。

ところで『においの歴史』について多くの好意的な書評をいただいたが、訳者として、副題の「社会的想像力」という言葉を問題として取り上げている書評がほとんど見当たらないことが気になった。というのも、コルバンはけっして嗅覚と個人的な想像力を問題にしているわけではなく、あくまで社会的レベルでの集団的想像力を考察の対象にしているからだ。たとえば、この本の冒頭で、コルバンは嗅覚革命が開始されるのに、「腐敗」に対する科学者や医者たちの（つまりは自然科学という新たな知をよりどころとする新興階級の）集団的恐怖心がおおいにあずかって力あったことを力説しているが、この部分は読みにくかったせいか（これは多分に訳者の力不足が関係している）あまり的確にとらえられてはいないようだ。すなわちコルバンは当時、自らの肉体が生きながらに腐っていくという幻想がこうした人々の心をとらえ、肉体内部の腐敗の兆候と見なされた発散物や、腐敗臭そのものである死臭、糞便臭に対して極端な警戒心が生まれたことをまず指摘する。一言でいえば、臭気は、死や腐敗を運ぶ瘴気と同一視されて恐れられるようになったのである。その嗅覚的警戒心は、当然ながら腐敗の媒介体と見なされた空気に対しても向けられ、やがて空気に瘴気を伝える大地、河川、そして人間の密集する病院や兵営も恐怖の対象となっていった。コルバンの議論の進めかたは教科書的な直線的なものではなく、良くできた長編小説のように螺旋構造を描いているので、いまひとつすっきりとは頭に入ってこないのだが、あえてコルバンの主張を整理して要約するとすれば、悪臭がある時期を境に槍玉にあがり、無臭の環境が理想と考えられるには、まず腐敗と死に対する集団的恐怖が悪臭への嫌悪というかたちで実体化され、その恐怖心が社会的広がりをもつメンタリティーにまで高められるのを待たなくてはならなかったということになるだろう。この腐敗と悪臭をめぐる「社会的想像力」から生まれたもの、それが今日のわれわれを支配しているブルジョワ的な嗅覚にほかならないというわけだ。

しかし、『においの歴史』のおおきな魅力は、このように嗅覚の根源的変容という主題を圧倒的な説得力で展開した点にあるばかりでなく、コルバンが、十八、十九世紀の膨大な科学的、文学的言説をこまかく切り刻んでつくりあげた匂いについての巨大なモザイクが、その個々の断片で読者の想像力をさまざまに刺激してやまない点にある。とくに、どんな本を読んでも全体の構成や主題よりも細部が妙に気になってしかたのない訳者のような者は、コルバンが次々に繰り出す公衆衛生学と科学史のエピソードが、文学作品などよりもはるかに当時の想像力の原型を示しているようで面白く、しばしば翻訳の作業を中断して空想にふけることが多かった。たとえば、ハーヴェーの血液循環の法則の発見が、公衆衛生学や都市計画に影響を与え、都市の血管（つまり街路や水路）に常に液体が流れて停滞がおきないようにするためにさまざまな工夫がこらされたというくだりを読んだとき、オスマンのパリ改造で誕生したエトワール広場とレピュブリック広場の放射状の街路は文字どおり人間の心臓と肺がモデルだったのかと、それこそ目から鱗が落ちる思いがしたし、またヨーロッパの部屋の壁を覆っているつづれ織りや腰板は、大地の瘴気が壁の毛細管を伝わって染み出てくるのを防ぐための生活の知恵だったと教えられて、アンボワーズの古城の何百年にもわたって瘴気をたっぷりと蓄えてきたような石の壁を思い出したりした。考えてみれば、近代科学成立以前の科学は、なによりもまず当時の人々の想像力の所産であるわけで、文学などよりも個別性が少ない分だけ、「心性史」にとっては「社会性」を抽出しやすいものなのだろう。

このように、『においの歴史』は、その全体においても細部においても著しく読者の想像力を刺激する本だが、事実、これにインスピレーションをかきたてられたとおぼしき作家や研究者も現われてきている。パトリック・ジュースキントの小説『香水』はそのいい例だが、このほか、コルバンのテーマを直接受け継いだかたちでジュリア・クセルゴンが書いた『自由・平等・清潔』(拙訳　河出書房新社)がある。これは、フランス人の入浴の歴史をあつかった初の本格的研究書で、十八世紀までは異教的な忌むべき習慣として入浴をタブー視していたブルジョワ階級が、心身両面での入浴の効用を説く公衆衛生学の主張を受け入れて次第に風呂にはいるようになり、さらには、自らの安全をはかるために労働者階級にも入浴を強制するまでになった過程を浩瀚《こうかん》な資料を駆使してあとづけたものである。この労作は、十九世紀後半、つまり科学史的にはパストゥールの細菌の発見以後を中心にあつかっているが、興味深いのは、入浴をめぐる当時の科学的言説が必ずしも科学的ではなく、むしろ精神分析に値するようなパラノイア的な様相を帯びていた点である。つまり、十八世紀の医者や科学者が悪臭の中に腐敗の媒介体たる瘴気を見いだそうとして、今日のわれわれからみるとまさに抱腹絶倒の努力を重ねたように、十九世紀後半の衛生学者も皮膚の垢の中に危険な病原菌の巣を見いだそうとして、おなじように真剣で（それゆえに）滑稽な努力を重ねていたのである。

そしてこの場合も、悪臭追放の過程で起こったのと同じことが起きる。すなわち、ブルジョワジーはまず自分の体にたまった垢が病原菌の巣ではないかと恐怖して、これを掻き落とすために禁忌を破って入浴することを選択する。そして自らの垢落としが完了すると、次は、垢によって病原菌を自分たちに伝染させる恐れのある労働者階級を強制的に清潔な体にしてしまおうともくろむ。ようするに、自らの肉体に対して生まれた集団的恐怖心が、やがて下層階級に転嫁され、ついで自分たちの安全を確保するために社会全体を入浴によって浄化しようという企てが生まれてくるのである。そしてこの「社会的垢落とし」で特徴的なことは、肉体の清潔と心の清潔が完全に同一視され、体の清潔な無臭の人間は心も清らかで秩序を重んじ責任感のある態度を取るのに対し、不潔な体の臭い人間は心がよこしまで反抗的な態度を取り革命を企てると考えられたことである。その結果、入浴は「悪い民衆」を「良い民衆」に変える有力な手段と見なされるに至る。いいかえれば、ブルジヨワジーは、民衆に入浴の習慣を身につけさせることによって、社会から伝染病と革命を同時に取り除くことを夢想したのである。ジュリア・クセルゴンは、このようにして、清潔に対するブルジョワジーの強迫観念が、結果的にブルジョワ共和制の確立を助けたという観点から「自由・平等・清潔」というタイトルを採用しているわけだが、なるほど、そう言われてみれば、入浴の習慣の確立された第三共和制期（一八七一―一九四〇）以後には、十九世紀にあれほど繰り返された革命や暴動が一度も起こっていない。「五月革命」は二十世紀唯一の革命ともいえる例外的事件だが、その主体となったのはもちろんあの長髪・ジーパンのむさくるしい若者たちであった。

ひるがえって今日の日本の状況を見てみると、もともと入浴好きであった日本人は最近浴室が驚異的に普及したこともあって、垢とはいよいよ縁の薄い無臭の存在となり、そして、当然ながら、革命などとはますますもって無縁な国民となりつつある。それにしても、この世界一の無臭都市「東京」に蟄居していると、あのパリのメトロの匂いが無性に恋しくなるのは、やはりこちらの出自が例の垢じみた全共闘世代であるからなのだろうか。

第3章　歩く

シュルレエルな夢——パサージュ

パリのパサージュ（アーケードの商店街）の魅力は、文法用語でいうところの「過去未来」の生みだすある種の悲しみにあるのではないだろうか。「……には……するだろう」という未来形が予言した「時の点」を、現実の時間がとうの昔に通りこしてしまい、われわれがそのありえたかもしれない「時の点」を遠い過去として振りかえらざるをえないときに使われるこの過去未来という時制には、予言された事実が現実に実現されたか否かにはかかわらず、いちように、もはや過ぎ去ってしまった未来の明るさに対する哀切の感情がこめられている。

私たちが、パリのパサージュを横切るとき、それはたしかに時間隧道《タイムトンネル》として私たちを十九世紀のパリへと一瞬のうちに連れていってくれはする。だが、私たちの意識は、夢を見ているときのように自分たちが完全に十九世紀にタイム・スリップしたとは思ってはいない。いや、そう錯覚する瞬間もないわけではない。輝かしい未来に向かって、豪奢と繁栄の夢を語るパサージュの声を「未来形」としてたしかに聞いたような気がすることもある。しかし、そのいっぽうで、私たちの意識は、そのパサージュの声が、従属節の中の未来形、つまり過去未来にすぎないことを知っている。未来形の明るさを包み込む過去形の暗さ。

しかも、それはたんに時間的な感情の交錯ばかりではない。イメージもまた交錯するのだ。パサージュに足を踏み入れるということは、未来の夢の中に入ってゆくということではなく、すでに覚めてしまった夢を、その直後にもう一度、夢として反芻しようとする試みに似ている。私たちの目は現実を見てはいるが、そのいっぽうでは、まだ網膜には夢の残像がとどまっていて、夢の中での切実感と覚めてからのビザールな印象が同居している。このイメージの二重写しと、相反する印象の共存。これらが時間の中で意識されたとき、われわれの心のなかに、「哀切」の感情が生まれるのである。パサージュとは、ひとつの時代が語っていた夢の過去未来的表現にほかならない。

　集団の夢の家とは、パサージュ、冬園〔室内庭園〕、パノラマ、工場、蠟人形館、カジノ、駅などのことである。

（ベンヤミン『パサージュ論』岩波書店）

ヴァルター・ベンヤミンが一九二六年に初めてパリに滞在したとき、パサージュはすでに十分すたれていた。すなわち、十九世紀の初めにその鉄骨建築とガラスの組み合わせという最新のテクノロジーによって来るべき未来への夢を語っていたパサージュは、デパートが登場した一八七〇年代には早くも寂れはじめ、一九二〇年代にはもはや過去の遺物となりはてていた。しかし、このときにはまだ、これを「過去未来」として捉え、そこに

「哀切」を感じとるという感受性は人々のあいだでは共有されてはいなかった。

だが、一部の若い詩人たちや芸術家の中には、この寂れきったパサージュの中にこそ、自分たちの追求すべき新しい芸術のエッセンスがあるのではないかと考える人たちもいた。ルイ・アラゴン、アンドレ・ブルトンらのシュルレアリストたちである。

なかでも、ルイ・アラゴンは、一九二六年に発表した小説『パリの農夫』の中で、このパリのパサージュ、とりわけ、オスマン大通りの開通で取り壊されることになっているパサージュ・ド・ロペラ（オペラ座のパサージュ）の摩訶不思議な魅力を強調した。


パリのグラン・ブールヴァール付近に多いこの種のガラス屋根つきの通り抜けには、突飛《アンソリット》なもののモダンな光が、なんともビザールな感じで満ち満ちている。人びとはこの通り抜けを、《パサージュ（通過）》という、こちらをたじろがせるような名前で呼んでいる。まるで、直射日光を避けたこの廊下の中では、一瞬以上長くたちどまることがだれにも許されていないかのように。その海緑色の光は、どこかしら深海のような雰囲気を漂わせているが、突然、スカートがめくれて女性の脚が見えたときのような明るさを見せることもある。（拙訳）

「海緑色の光」というのは、長い年月のあいだに天井のガラスに苔がこびりつき、そこを通過してくる光が青緑色をしているのを、まるで水族館の中にさしてくる陽光のようだと感じているからだが、とすると、この水族館の中を行き来する人々は「魚」となり、パサージュは、「人間水族館」ということになる。

個としてはもはや死んでしまってはいるが、現代のいくつかの神話の隠し場所としてはじっくりと眺める価値のある人間水族館。　（アラゴン　同書）

シュルレアリストたちがこの「人間水族館」に足しげく通ったのは、そこに、「現代のいくつかの神話」が隠されていると信じたからだ。

では、彼らのいう「現代のいくつかの神話」とはなにか？　それは、他の場所だったら、なんの変哲もない日常の中に埋没してしまうかもしれない平凡な事物が、ここにおいては、まるで、ミシンの上に置かれたこうもり傘のように、突如、両義的《エキヴォック》で、突飛《アンソリット》なものへと変容し、ビザールな光を放ち始めるからである。

骨董屋の店先で古いものがにわかにモダンに見え始めるかと思えば、文明の利器を売る店のショーウィンドーで、新しいものの中にアルカイックなものが不気味な姿をのぞかせている。なぜなら、ここでは、未来が過去であり、過去が未来だからである。時間の秩序があらかじめ攪乱されているのだ。

攪乱されているのは、時間ばかりではない。空間もまた秩序を喪失している。古道具屋では、由緒ある事物が最新流行の安ぴかものと隣り合わせになり、古着屋のショーウィンドーには、毛皮のコートの下になまめかしいランジェリーが並べられている。すべてが両義的で互いに交換可能になり、二重映像の中にはめ込まれる。

こうしたパサージュの中の時間的・空間的混乱は、パサージュ・ド・ロペラだけではなく、グラン・ブールヴァールのパサージュのどこにおいても観察されたものらしい。アンドレ・ブルトンは、『溶ける魚』の中で、ブールヴァール・モンマルトルにあるパサージュ・ジュフロワのことをこう歌いこんで、そこがシュルレアリストの聖地であることをはっきりと示した。


白貂の乳房をもつ女が、パサージュ・ジュフロワの入口で、さまざまな歌の光のなかにいた。彼女はふたつ返事で私についてきた。私はタクシーの運転手にランデヴーの住所を告げた。このランデヴーは人物の名で、昔の知りあいのひとりだった。ランデヴーは若くもなく年寄りでもなく、ヌイイ門の近くでこわれたガラスの店を開いていた。

きみはだれ？

——首都のはずれでふるえている死にそうな竪琴の疼きのひとつよ。あなたを痛くさせるでしょうけれど、ゆるしてね。

（巖谷國士訳）

パサージュ・ジュフロワのエキヴォックな光の中を通ったあとでは、なにもかもが曖昧になり、どんなことも「ありえて」しまう。その突飛《アンソリット》な印象は、「私」の頭からではなく、パサージュの中の事物の関係から生まれてくる。パサージュこそは、シュルレアリスムそのものなのだ。

私にとってひとつのゲームになったのは、近づくことを私に禁じようとするいくつかの小さな香水壜を、気づかれずにまたいで通ることだった。どうやらまえの世紀のものらしい警察条例が、弩のかたちをした楽器の柄を部分的におおっていたが、それは以前、パサージュのとある武器商の店先で、宝石を象嵌してあるのをすでに見たあの道具だとわかった。こんどはそれが乾いた葉枝の簀子の上におかれていたので、これはなにかの罠だと思うことができた。（ブルトン　同書）

パサージュに足を踏み入れるということは、シュルレアリスト的な夢の世界に入り込んでゆくことにほかならない。

だから、パリのパサージュを歩くときは、ショーウィンドーに陳列された現実《レエル》の事物のあいだから、超現実《シュルレエル》が飛び出してくる瞬間を見逃さないようにしよう。パサージュは、どんなシュルレアリストの絵よりも超現実的であり、事物で描かれたシュルレアリスム絵画なのだ。

しかし、パサージュを歩くときに気をつけなければならないことがある。それは、パサージュがたんに超現実を展示するショーウィンドーであるばかりか、そのまま「異界」へと通じる入口でもあることだ。

古代ギリシアでは、黄泉の国に通じているいくつかの場所があるとされている。(中略)われわれは昼間であれば、パサージュ(それは、町の過ぎ去った生活へとつながっているギャルリだ)を通って、いつの間にか街路に抜けることができる。だが、夜ともなると、いっそう濃密になったパサージュの闇が、家々の暗い固まりの中に恐ろしげに浮かび上がり、帰り遅れた者は、われわれが前もって狭い小路を通るよう勧めておいたのでないかぎり、パサージュの前を足取りを速めて通り過ぎることになる。

(ベンヤミン『パサージュ論』)

したがって、パサージュの敷居をまたぐには、それなりの覚悟が必要であり、意識の半分は、しっかりと覚醒状態においておかなければならない。そうしないと、いつしか、完全な夢の世界、「異界」へつれ去られ、こちら側の世界へと戻ってこられなくなる。「過去未来」の主節にいると思った意識が、気づかぬうちに従属節のほうへ入り込んで、それが過去の節にくくられていることを忘れ、未来をそのままの未来として生きてしまう。「過去未来」の哀切が、「未来」の明るさに変わったと思った瞬間、われわれは黄泉の国に入り込んでいる自分を発見することになる。

どうやら、パサージュの旅は、だれにでも気軽にお勧めできる類いのものではないことだけは確かなようだ。

無用性の価値を愛すること――パレ・ロワイヤル

ルーヴル宮殿のすぐ目の前に、パレ・ロワイヤルという建物がある。

この建物の一階は、回廊式のアーケード商店街になっているが、ここは、現在、パリでもっとも寂れた商店街ではないかという気がする。とにかくいつ行っても、ほとんど、他の客とすれちがうことがない。たまに、ほかの客があると、ガランとした回廊の向こうの端からこちらに歩いてくるその人と、さながら「第三の男」のラスト・シーンのように、たがいに見詰めあったままで長い距離を縮めていかなくてはならないので、かなり気詰まりになる。また、後ろから、ほかの通行人が歩いてくるときには、自分の足音とその人の足音が石造りの回廊の天井に二重にこだまして、ちょっとした恐怖映画のような不気味な雰囲気が漂う。もっとも、こうしてたまにここを通る客もたいていは通り抜けの客で、店には立ち寄らない。

客がこの調子なら、商店のほうもそれによく見合っていて、売り上げがまったくない日もあるのではないかと心配になるほど活気がない。アンティークの勲章、アンティーク・ジュエリー、貴族の系譜学専門の古本屋、帽子屋、銀食器屋など、いずれも商品の移動が極めて少ない業種ぞろいで、しかも店主も老人ばかりである。中には、人間は二階の居室にいて、犬や猫に店番を任せているところもある。

観光客でごったがえしているルーヴル宮殿をあとにして、パリで一番交通量の多いリヴリ通りを一つ横切ると、それだけで、まるで、タイム・トンネルをくぐったように、パレ・ロワイヤルの、ほとんど「死の沈黙」ともいえるほどの静寂の中にあらわれるのだから、パリというのはまったくもって不思議な町である。しかも、このうら寂れた過去の遺物は意図的に「残した」のではなく意図せずに「残った」のであるから、日本的な「再開発」の思想からするとなおさら理解に苦しむ。

しかし、パレ・ロワイヤルで理解しがたいのは、こうした空間軸での繁栄と衰退の対比ばかりではない。時間軸でも、つまり過去の繁栄と現在の衰退との対比もまたあまりにも極端すぎて、その意味を問うことがむずかしく感じられるのである。

パレ・ロワイヤルは、ルイ十三世の枢機卿リシュリューによって建てられたがリシュリューの死後、ルイ十三世に寄贈され、一六四二年からほぼ十年間、幼少のルイ十四世の居城となった。この時に「王宮（パレ・ロワイヤル）」と呼ばれたので、それ以後ルイ十四世の弟のフィリップ・ドルレアンが興こしたオルレアン家の居城となったにもかかわらず、この名前で呼びならわされているのである。

パレ・ロワイヤルの繁栄は、借金に苦しんだ五代目当主ルイ・フィリップ・ドルレアンが宮殿の中庭を改装して、ショッピング・センターとアパートを作り、これを一七八四年に一区画ごとに五万リーヴルで売り出したことに始まる。ルイ・フィリップ・ドルレアンの目論見は大成功で、パレ・ロワイヤルは一夜にしてパリでもっとも賑やかな盛り場に変身した。贅を極めた商店、一流のレストランやカフェ、見世物、それに賭博場や娼館などが軒を並べ、パリからパレ・ロワイヤルを取り除いたら、あとにはなにも残らないといわれたほどの賑わいを見せた。

ところがパレ・ロワイヤルの繁栄は五十年間しか続かなかった。七月革命で王座についた六代目当主ルイ・フィリップが、自分のメンツのために、娼婦を追放し、賭博場を閉鎖したので、とたんに客の足が遠のいてしまったのである。

これ以後、百五十年以上の長きにわたって、パレ・ロワイヤルはひたすら寂れつづけて今日に至っている。唯一、人の声がするのは美しい芝生の植わった中庭だが、夜になればここも閉鎖されるから人通りはまったく途絶える。

日本では、公共施設でもない商店街が、都心の、しかも、もっとも観光客の多い一等地に、こうして、寂れたまま百五十年間も居座っているというのは信じがたいことのように思えるだろう。寂れた盛り場は盛り場なりに、各商店が協議し、連絡しあって、再開発のプランを練り、イベントなどを催して客を呼び戻そうと、必死になるはずだからだ。

だが、パレ・ロワイヤルはこの百五十年間、そうした動きをかたくなに拒否して、名誉ある衰退と静寂の中に引きこもっているように思える。それぞれの商店やアパルトマンの住人は、その衰退の中に逆に価値を見いだしているようにさえ感じられる。昔日の栄光を追憶はするが、けっしてそれを呼び戻そうとするわけではなく、ただ、歴史の重さから生まれた比類ない静寂を、まるで、年代物の葡萄酒を舌の上で転がすように味わっている。

じっさい、このパレ・ロワイヤルの静寂を愛した文化人は多い。ジャン・コクトーは戦中から戦後にかけて、このパレ・ロワイヤルのモンパンシエ回廊の静かなアパルトマンで暮らし、コレットはボジョレー回廊の自室の窓から中庭をながめながら息を引き取った。

私は一度、パリに大雪が降った朝、このパレ・ロワイヤルの中庭を横切ったことがある。一面に降り積もった新雪の上に、自分の足跡を残しながら中庭を歩いたとき、ふと、これが文化の、文明の本当の重みというものではないかと思った。つまり、役にたたなくなったものを役にたたないから捨てて新しくしてしまうのではなく、その役にたたなくなったという無用性の価値を愛すること、この点にこそ、文化の基礎があるのだ。なぜなら、有用性の文明の価値体系というものは、それが無用の用によって補われたときに、初めて、「人間的」な次元の高みに上ることができるからである。

パリが世界中の都市の中でもっとも魅力的なのは、シャン＝ゼリゼのほかに、パレ・ロワイヤルがあるからだ、といっても、これは決して言い過ぎにはならないだろう。

花火、エフェメラの光芒——シャン・ド・マルス

一八八九年という年は、洋の東西における花火の当たり年だった。

まず、明治二十二年の二月十一日、大日本帝国憲法発布を祝う東京の夜空は、市民がまだ一度も目にしたことのないような、眩いばかりの総天然色の花火に彩られていた。これと比べたら、文化文政の時代に鍵屋と玉屋が競い合ったあの大川開きの花火さえ線香花火にしか見えないという声が、二重橋に集まった群衆の間からあがっていた。

それもそのはず、鍵屋や玉屋の花火が黒色火薬を材料にした炎の強弱だけで勝負するモノトーンの「和火《わび》」だったのに対して、この日に打ち上げられた花火は、維新後輸入されるようになった塩素酸カリウムや硝酸カリウムなどの酸化剤、硝酸バリウム、炭酸ストロンチウムなどの炎色性剤を主体にしたフル・カラーの「洋火《ようび》」だったからである。「洋火」

は、ヨーロッパの新しい化学物質を手にした東京の花火職人たちが試行錯誤のうちに創り出したものだった。「これが現在に伝えられているテクニカラーの花火の初めであり、あまりの明るさと色彩の美しさに東京市民は大いに驚いたといわれている」（小勝郷右『花火――火の芸術』岩波新書）。

この「和火」から「洋火」への転換は、ほんの少し前まで鎖国攘夷を叫んでいた尊皇の志士がヨーロッパの衣装を身に纏って「和魂洋才」の路線に変身したのに似て、明治という この激動の時代を象徴していたといえるが、変化したのは、花火の内容だけではなかった。すなわち、花火の打ち上げを「管理」する主体そのものが、「民」から「官」へと変わったのである。ベルツが日記に記したように、民衆は目出度い目出度いというだけで「だれも憲法の内容を御存知ない」状況に置かれていた。花火がなにを祝っているのかも知らず、いわんや、憲法というものが何なのかも知らなかった。知らされたのは、憲法を施行するという「国家意志」だけである。一言でいえば、花火は国家意志を民衆に通知するためのプロパガンダ装置としての機能を果たしていた。この意味では、憲法発布の日の花火は、民衆の眼前で一瞬のうちに巨額の富を火花に変えて消尽して見せることによって自己の権力基盤の強固さをアピールするヨーロッパ・タイプのポトラッチ的「花火」というものの本質をよく開示していた。

一八八九年の七月十四日の夜、フランス革命百年を祝って催されたパリ万国博覧会の会場は、どこもかしこも煌々たるイリュミネーションに包まれ、夜空は、炸裂するベンガル花火で赤や緑に照らし出されていた。とりわけ、三カ月前に完成したばかりのエッフェル塔は、まるで百年前の同じ夜に襲撃されたバスチーユ牢獄のように、仕掛け花火の紅蓮の炎で塔全体が真っ赤に包み込まれ、そのまま崩壊してしまうのではないかとさえ思われた。エッフェル塔の頂上に置かれたアーク灯から放たれる光の束は、夜空を切り裂いて、パリの歴史的モニュメントを次々に照らし出し、シャン・ド・マルスとトロカデロ庭園の噴水は、空中に、青や黄色に輝く水を吐き出していた。フランス共和国は、いまや、その壮大な啓蒙の「光」によって、世界を覆う「暗黒」に対する支配の確立を宣言しているかに見えた。

万博レポーターのシャルル・グランムジャンは、この夜の詳細について『一八八九年パリ万博レポート』の中で次のように報告している。

突然、光り輝く噴水から水の束が噴出し、金の雨、火の雨、サファイアの雨、エメラルドの雨をあたりに降らせ始めたので、どっと人々の叫び声があがった。エッフェル塔の基部の石の上には、祭典を眺める場所を確保しようとする人々が鈴なりになり、サイのブロンズ像の上には子供たちが馬乗りになって手をたたいている。ベンガル花火があ

ちこちで点火され、オリエント館の白い壁を赤や緑に染めている。（中略）

その間にも、エッフェル塔の頂上から放たれた二本の光線は、巨大な腕のように、あるいは彗星のとてつもない尾のように、夜の空間をゆっくりと動き始めた。その透明な光束は夜空を掃討し、星々の上を通り過ぎ、めくるめくような光の虹を描いた。あるいは、パリの古いモニュメントの上にとどまって、その宗教的な眠りをかき乱した。と、突然、エッフェル塔が上から下まで、真っ赤なベンガル花火に包まれて炎上し、夜空の黒々とした背景の上に、巨大なルビーのようにくっきりと浮かびあがった。人々は、エッフェル塔を、オペラの歌姫《ディーヴァ》のように拍手喝采した。普段は、あれほどに醜いこの塔が、光の凝結した巨大な宝石になったかのごとくに見えた。

ついで、すべての光が一瞬にしてかき消えた。群衆から不満のつぶやきがあがった。だが、次の瞬間には、パリの夜空のありとあらゆる方角から、壮麗な花火が上がった。花火は空中高く舞い上がったのち、三色《トリコロール》の光の雨として降り注いだ。火箭が飛び交い、爆竹の耳をつんざくような音が響きわたって、群衆の興奮は最高潮に達した。（拙訳）

大日本帝国憲法発布の祝日に、二重橋の夜空を彩った「洋火」を眺めた自由民権の闘士が、その足で横浜から船に乗り、この革命記念日に、自由の祖国と思い定めたフランスの首都パリに現われて、同じように夜空を色とりどりに染めるベンガル花火を見たとしたら、

1889年のパリ万博は、フランスの革命記念日を祝う最初の万博となった。エッフェル塔の頂上に備えつけられたアーク灯がパリの歴史的建造物を次々に照らし出すと同時に、基部に備えつけられた仕掛け花火が炸裂して、エッフェル塔を紅蓮の炎に包んだ。

いったいどんな感想をもっただろうか。万世一系の天皇による統治の意志をグロテスクに浮かび上がらせた二重橋の花火と引き比べて、パリの夜空に多色光の雨を降り注ぎ、エッフェル塔を真っ赤に燃え上がらせるこの陽気なベンガル花火の中に、まず間違いなく、大革命の精神を受け継ぐ「自由・平等・友愛」の民権思想の輝かしいシンボルを見たにちがいない。

だが、暗黒の闇を切り裂く「啓蒙の光」であるはずのこのパリ万博の花火やイリュミネーションも、実際には、それが、支配者の意志に基づいて夜空に放たれた光芒であるという点において、フランス第三共和制という脆い均衡の上に乗った体制がなんとか危機を切り抜けたことに対する自己賛美の「花火」にすぎないという見方もできなくはなかった。なぜなら、東洋の果てで憲法発布の花火が打ち上げられていたちょうどその頃、パリでは、反ユダヤ主義・反議会主義・反ブルジョワジーを唱える左右の過激主義者によってかつぎ出されたブーランジュ将軍のクー・デター未遂騒ぎが起こり、大ブルジョワジーと穏健共和派による第三共和制は存亡の危機に瀕していたからである。サディ・カルノー大統領が五月六日にパリ万国博覧会の開催を宣言する直前まで、すなわちブーランジュ将軍が四月の末に亡命を決めるぎりぎりまで、万国博覧会は、たとえ開催されるにしても、それが三色旗の下で行われるかどうか、まったく予断を許さぬ状況にあったのである。

したがって、革命記念日にパリの夜空に高々と打ち上げられたトリコロールのベンガル花火は、世界にむけての人類解放の呼びかけなどという勇ましいものでは決してなく、辛うじて自らの体制を守り抜くことができたフランス・ブルジョワジーが漏らした安堵の「ため息」と解したほうがよかった。花火は、たとえそれがどれほど革命的なものに見えようとも、花火である限りにおいて、すなわち瞬時に蕩尽されるエフェメラというその本質において、体制が、被支配に同意してくれた民衆をもてなすためのポトラッチでありつづけるほかはないのである。

こうした花火の本質は、ヨーロッパでは、それが中国からインド・イスラム圏とフィレンツェのメディチ家を経由して伝わったときから、すでに懐胎されていた。というのも、花火を扱うのは、どの国でも、王室軍需品部の花火係の仕事とされ、日本のように民間の花火職人の手に委ねられるということはけっしてなかったからである。花火とはいえ、それは火薬であり、そして火薬である以上はもっとも危険な武器となり得るのだから、そんなものを軍隊以外の人間の手に渡すわけにはいかない、と支配者が考えたのはある意味では当然だった。どんな時代にも対外戦争と国内戦争を繰り返していたヨーロッパ諸国においては、火薬である花火は体制の支配者の手元に置かれなければならなかったのである。ヨーロッパでは、現在も未成年者には玩具花火でも売ってはいけないという法律をもつ国があるほど、花火の国家管理は行き届いている。ようするに、欧米においては、花火はつねに「官」のものだったのである。そのため、新しい化学物質の導入による色彩の変化という面を除けば、形態的にはまったく工夫がなされず、進歩も進化もなかった。

この点、日本は、徳川二百五十年の鎖国で、対外的にも国内的にも、火薬を使った戦争をする必要がなくなったため、花火技術が民間で発達した例外的な国だったということになる。日本の花火が、江戸時代に、その形態の面で異常なまでに進化を遂げたのは、それが「民」のものだったからである。「官」においては競争がないから進化はなく、「民」の競争の中で初めて進化が起こるという資本主義の原則はここでも貫かれていることになる。化学物質を取り入れた日本の「洋火」がたちまちのうちに世界一の水準に到達したのは、当然といえば当然のことである。

いささか話がずれたが、ヨーロッパの花火は、このように、権力の所有物であり、権力の気前のよさを示すポトラッチの手段であるという本質を免れることはできなかった。フランスにおいては、その傾向は、とりわけ、アンシャン・レジームの時期において著しい。すなわち、アンシャン・レジーム期のフランスでは、花火はすべからく、王の即位や王子、王女の冠婚を祝うために民衆にふるまわれる御祝儀として位置づけられていた。

当時のパリの夜は、ランテルヌ灯がルイ十四世によって部分的に導入されたとはいえ、ひとたび日が落ちれば、ほとんど原始の時代と変わらぬ闇が支配する世界だった。そうした闇の世界が、突如、光によって照らされるのは、二つの場合しかなかった。ひとつは、火事であり、もう一つが王の即位や結婚、誕生を祝って花火が打ち上げられるときである。

火事については、廃墟の画家ユベール・ロベールがそれこそ舌なめずりするような筆使いで「一七七二年の市立病院の火事」を描いているので、紅蓮の炎に照らされた当時のパリの夜景をしのぶことはできるが、花火で照らされるパリというのは、意外に絵画には登場していないし、小説にも描かれることは少ない。そこで、直接の参考にはならないとはいえ、当時のパリの夜の細部を資料に基づいて忠実に再現したという点で高い評価を受けているパトリック・ジュースキントの『香水　ある人殺しの物語』の次の一節をあげておこう。

一七五三年のことである。国王ルイ十五世の即位記念日にあたる九月一日、パリの町ではロワイヤル橋近辺で花火の夕が催された。それは国王婚礼の祝いのときほど盛大なものではなかったし、お世継ぎの誕生祝いのときの伝説的なまでに華やかな花火ではなかったが、これはこれでたのしい見ものにちがいなかった。幾艘もの船のマストに金色に輝く日輪がとりつけられ、橋からは通称《火炎牛》がまっ赤な火花を水面に吐きつけていた。いたるところで耳をつんざく爆竹がなり、ねずみ花火が目まぐるしく舗石の上を駆けまわるなかで、つぎつぎと花火がうちあげられた。まっ黒な夜空に白々と王家の紋章である百合の図柄を描き出した。何千もの人々が橋や川岸を埋めつくし、花火が打ち上げられるたびにどよめいた。歓声のさなかに「国王万歳」と叫びだす者もいた。王が王座についたのは三十八年も前のことであり、人気の盛りはとっくにすぎていたのだが、とにもかくにも花火は人を動かすものである。（池内紀訳　文藝春秋）

このようにパリ中が花火にうかれているとき、異常な嗅覚をもった主人公グルヌイユは、その光景には目もくれず、どこからともなく漂ってくるこの世のものとも思えぬ芳香を嗅ぎわけることに熱中する。やがて、それが窓辺にたたずむ乙女の匂いだと知ったグルヌイユはこれを殺害して思う存分乙女の匂いを嗅ぎ、匂いの世界に革命を起こすことを決意する。花火に照らされた夜のパリという「視覚の世界」を背景にして、それとは全く次元の異なる「嗅覚の世界」の惨劇を配したジュースキントの腕がさえわたる一節である。

それはさておき、我々がアンシャン・レジームの花火に関して注目しなければならないのは、体制が揺るぎないときには、花火もこのように整然と打ち上げられるが、体制のたがゆるんでくると、花火もまた体制の手から民衆にわたってしまうという事実である。レチフ・ド・ラ・ブルトンヌは、革命前夜のパリを描いた『パリの夜』で次のように描写を行っている。

この「夜」を書き上げて以来、さまざまな出来事が夜の興奮を誘発してきた。もっとも激しかったのは、一七八八年九月二十四日水曜日、高等法院の復活によって惹き起こされた。このとき人々が味わった歓び以上に正当なものはない。しかし、激情や昂奮はすべて非難されるべきである。二十二日には早くも、オルレアン河岸のトゥールネル橋に向かい合った四階の住まいがイリュミネーションで飾られた。

だが、二十四日になるとイリュミネーションだけでは我慢できなくなり、ほぼすべての地区で打ち上げ花火や爆竹が加わった。中心はアンリ四世通りに面したドフィーヌ広場だった。こうしたお祭り騒ぎは少しも制止されなかったため、もともと騒動と混乱を好む若者や下層民の所業が作用して、乱痴気騒ぎと歯止めのない放埒へと変質していった。（中略）

そんなわけで、整然としたお祭りでは、政府は安全な者の手に花火を委ね、個人が見物人以外のものになることは認めていない。（中略）警察公認の、しかも警察の管理下にある花火製造業者の責任をこそ問うべきである。

（植田祐次訳　岩波文庫）

権力に握られたポトラッチの花火が民衆の手に落ちたとき、まさに大革命が起こったのである。したがって、大革命の百周年を記念する一八八九年の万国博覧会が、革命記念日の七月十四日に、パリの夜をトリコロールのベンガル花火で覆いつくしたのは、ある意味で、極めて意義のあることだった。ただし、このときには、もう一度革命が起こったりしないように、花火がしっかりと権力の側に掌握されていたことはいうまでもない。

しかしながら、いくら「官」が花火を管理し、「民」に渡さないようにしていても、人の想像力の中まで権力は立ち入ることはできない。すなわち、このときに万博のベンガル花火とエッフェル塔のアーク灯に照らし出されたパリの光景を眼底に焼き付けた少年が、この花火を勝手に自分のものとして持ち帰り、やがて、そのイメージを反芻しながら、これを核にした巨大な小説を作り上げるのを阻止することはできなかった。

こんなふうにして長いあいだ、夜半に目をさましてふたたびコンブレーを思うとき、私の頭には、ちょうど燃えあがるベンガル花火か電気の光に照らされて、夜の闇に沈んだ建物のほんの一角だけが他と区別されて浮かびあがるように、混沌とした闇の真ん中から切り取られた一種の光っている壁の一部が浮かぶばかりだった。その底辺はかなり広く、そこには客間、食堂、自分ではそれと知らずに私の悲しみの作者となったスワン氏のやってくる薄暗い道の最初の部分、玄関があって、その玄関から私は階段の最初の段の方へ歩いていったわけだが、心をえぐられながら上がった階段は、それだけで、このいびつなピラミッド型のひどく狭い胴体を形成していた。頂上には私の寝室があって、ママの入ってくるガラスのはまったドアのある狭い廊下がついている。ひと口に言えば、常に同じ時刻に、周囲にあったと思われるいっさいのものから引き離されて、それだけが闇から浮き出ている舞台装置、私の着替えの悲劇にとって（昔の戯曲の冒頭に、地方公演用に指定されているあの装置のような）必要最小限度の舞台装置である。

（『失われた時を求めて』鈴木道彦訳　集英社）

一八八九年の万博のとき、十八歳だったプルーストは、ベンガル花火とエッフェル塔のアーク灯に照らされて、暗闇の中からそこだけがぽっかりと浮かび上がった建物の一角を見て、記憶というものの構造をおぼろげに自覚したのかもしれない。だが、プルーストが、その闇に沈んだ全体を蘇らせるためには、視覚ではないもの、すなわち、プティット・マドレーヌのかけらと紅茶からたちのぼる匂いと味覚が必要だった。この点で、ベンガル花火に照らされたパリの夜景の中で、匂いだけをたよりにしておのれの求めるものを探しだそうとするグルヌイユとプルーストはよく似ている。ともに、花火というエフェメラの光芒によって瞬間的に実在を示された「失われた時」を求める旅に出るのだから。

第4章　しのぶ

消えたパリの速達便

たしか、あれは一九八四年のことだったと思うが、パリで漫然とテレビ・ニュースを見ていたら、郵便局の職員が、なにやら散弾銃の薬莢のような筒に手紙を丸めて入れている光景が映し出された。職員がその筒を、水道管のようなパイプの蓋をあけて中にはめ込み、レバーを引くと、一瞬のうちに筒は消え、別の郵便局のパイプのわきで赤いランプが点滅している光景に切り替わる。職員がパイプの蓋をあけると、そこには先程の筒が届いている。職員は筒をあけて丸めた手紙を取り出し、速達の配達係に手わたす。

「あっ、これ、話に聞いていたプヌマティックじゃないか！　まだあったんだ」と思わず、叫び声が出たが、そのとたん、映像にかぶさるように、「百年以上もパリ市民に親しまれてきたプヌマティックも、今日を最後に、廃止されることになりました」とアナウンサーのナレーションが入った。ガックリ、残念。知っていたら、一度、このプヌマティックで速達を出してみるんだった！　と、後悔したが、すでにあとの祭り。パリ史の一ページを飾る十九世紀の貴重なテクノロジーにじかに触れる機会を永遠に失った。

実際、一九七〇年代後半から一九八〇年代の前半にかけての時代には、十九世紀の後半に登場した鉄とガラスと蒸気のテクノロジーが、押し寄せるハイテク化の波に健気に耐えて、まるで、前世紀の遺物のように、ひっそりとパリの日常の中に残っていた。この頃、初めてパリを訪れた私は、日本の都市では空襲によって跡形もなく破壊されてしまったこうしたオールド・ファッションのテクノロジーの発する妙にアルカイックな魅力に惹きつけられて、巨大なホールの鉄道駅、ガラスと鉄の丸天井をもつパサージュやデパートなどのひと時代もふた時代も前の鉄骨建築を訪ね歩いた。

これらは、いずれも、一八五二年に開始された第二帝政においてセーヌ県知事をつとめたオスマン男爵のイニシアティヴによって導入されたものだが、プヌマティック（気速郵便）と呼ばれた速達郵便システムもまた、この時代の申し子であった。

アメリカのモールスが世界で最初の電信「神はなにをつくりたもうたか」をモールス信号で送ったのは一八四四年のことである。しかし、フランスでは、それより五十年ほど前の大革命の時代から、「テレグラフ」と呼ばれる信号システムが発達し、ヨーロッパの各地からさまざまなニュースをパリのユニヴェルシテ街にあるテレグラフ中央局に送り届けていた。

じつは、テレ（ラテン語で遠くという意味）という言葉とグラフ（同じく記号の意味）という言葉を組み合わせたこの「テレグラフ」は、一七九三年にフランス人のクロード・シャップという技師が発明した腕木信号機を使った信号のことで、電気とも磁気ともまったく関係のない手動式システムに基づいていた。すなわち、高い柱に取り付けた二本の腕のような棒をさまざまに動かして、ちょうど手旗信号のような要領で、アルファベットに対応させた角度を作り、これを数キロ離れた隣の柱に転送するという、いたって原始的な方法であるが、この簡単な通信方法は、思いのほかうまく機能したので、ヨーロッパとりわけフランスでは、モールス信号の発明後も、テレグラフといえばこの腕木信号のことを意味した。しかし、モールスの電信機が、腕木信号のマーケットと競合しないアメリカの鉄道で一八五七年に採用されて、その威力を遺憾なく発揮するようになると、フランスにおいてもようやく、腕木信号機にかわって電信機が採用されるようになった。このときには、すでにテレグラフの中央局はユニヴェルシテ街からグルネル街に移されていた。

プヌマティック、略してプヌーが登場したのは、ちょうどこの頃、つまり、モールス信号による電報がヨーロッパのいたるところからグルネル街の電報（テレグラフ）中央局に届くようになった一八六六年のことである。電報中央局では、受け取った大量の電報をパリの各区にある分局に軽装の二輪馬車で運んで、そこから各戸に配達するようにしていたが、都市化の進展に伴って交通渋滞が激しくなったので、なんとか効率的にしかも安価に電報を分局に送る方法はないかと真剣に検討がなされた。

このとき候補にあがったのが、一八五三年にイギリスで実験されていたプヌマティック pneumatique である。プヌマティックというのは、空気を意味する「プヌー」に、システムの意味の接尾語「マティック」が付いた言葉で、もとはといえば、下水管の汚物を強力な圧搾空気によって排除するために考えだされた装置だった。電報局はとりあえず実験的に証券取引所分局とグランド・ホテル分局を結ぶ千五十メートルの距離に圧搾空気利用の気送管を敷設して、冒頭で描いたような形で電報を入れた筒を送ることにした。

パイプは最初地上に剝き出しになっていたが、上下水道とガス管の共同溝の地下設置が進むと、当局は、これに便乗して共同溝の一角に気送管の場所を確保することに成功した。やがて、一八七九年に郵便局と電報局が一つに合併されて郵政省となると、プヌマティックは電報の輸送ばかりか、速達郵便にも利用されるようになり、パリでもっとも便利でもっとも迅速な通信手段として、市民に広く利用されるようになった。気送管の距離も、第三共和制下の一八七九年には七十一キロに、一八八八年には二百キロに達して、パリのほぼ全域をカバーするに至った。一九〇七年からは、プヌマティック網は郊外にも延び、一九三四年にはついに全長四百五十キロに達した。

プヌマティックを使うには、郵便局で売っている官製の郵便書簡に文面をしたため、投函するだけでよく、数時間のうちに速達で相手に届けられた。もちろん、郵便局に持参すれば、より早く配達してもらうことができたが、プティット・ポスト（小郵便）と呼ばれるパリ市内の郵便業務は頻繁に手紙を回収していたので、特別の急ぎでない限り、近所のポストに投函しておけば、それでことが済んだのである。この速達用の郵便書簡はブルーの用紙だったので、「ブルー」とも呼ばれた。プルーストの『失われた時を求めて』の「スワン家の方へ」には、この「ブルー」がしばしば愛の小道具として使われている。

「一度おいでになれないかしら、お隣の国のイギリス人が言うみたいに、ア・カップ・オブ・ティーを召し上がりに。そのときは、朝わたしに〝ブルー〟を下さりさえすればいいんだけれど」

私は「ブルー」がなんなのか知らなかった。私にはこの婦人の言うことが半分も分からなかったが、ひょっとして、答えないと失礼にあたるような質問か何かが潜んでいはしないかと、一生懸命注意して耳を傾けていたので、そのためにぐったりと疲労を覚えた。

(鈴木道彦訳)

これはまだ少年である語り手の「私」が、のちにオデットとして登場してくる高級娼婦に、アドルフ叔父の家で出会って、恐る恐る言葉をかわす場面だが、「私」がまだ「ブルー」という言葉を知らなかったということは、「ブルー」という俗語がそれほど人口に膾炙していなかったことを物語っている。しかし、その反面、オデットは、「ブルー」の便利さを十分承知していて、これを活用しているのだから、ブルーの用紙を使ったプヌマティックが誕生してまもなくというわけではないようだ。プヌマティックがブルーの用紙を使うようになったのは、一八七九年の郵政省誕生以後のことだから、この会話の時代設定は一八八〇年代の半ば過ぎということになる。

いずれにしても、ひとつだけ明らかなのは、プヌマティックは、その日のうちに、訪問の可否を問い合わせたり、それに答えたりするための最上の伝達手段であり、社交界（モンド）でもオデットのような高級娼婦の世界である半社交界（ドゥミ・モンド）でも、頻繁に用いられていたことである。プヌマティックは、社交的な礼儀作法に必要不可欠なアイテムの一つとなっていたのだ。

しかしながら、世紀末から二十世紀初頭にかけて、パリ市内でプヌマティックが上流階級の人々の生活習慣の一部となったことは、かならずしもいい結果ばかりを生んだわけではない。電話の普及が、他の国に比べて、極端に遅れたのである。

電話がフランスでなかなか普及しなかったひとつの理由は、先にあげた一八七九年の電報局と郵便局の統合が、管轄の省庁のちがいから（前者が内務省の管轄、後者が大蔵省の管轄）非常に手間取り、ようやく誕生した郵政省も、前年のパリ万博で華々しく登場したグラハム・ベル発明の電話にまで手が回らなかったことがあげられる。郵政省は、プヌマティック網の整備で手が一杯だったのである。それでも郵政省は、一八九一年に、それまで民間の業者にまかされていた電話事業を政府の直営とし、Postes, télégraphes et téléphones すなわち、「郵便・電信・電話省」となって、電話の普及に力を入れ始めたが、プヌマティックのブルーでまず午前中に訪問の諾否を問う習慣は、すでに完全に上流の社交界に定着してしまっていたので、電話を引いた家でも、これをすぐには使おうとはしなかったのである。このプヌマティック好きの電話嫌いというパリジャンの性格は、フランス経済が高度成長を始めた一九七〇年代になっても尾を引いていて、電話の普及を妨げる原因の一つになっていた。

今からほぼ二十年前の一九七七年に出版された『事典　現代のフランス』（新倉俊一他著　大修館書店）で郵便と電話の項目を引いてみると、当時でもまだこんな状態だったのかと驚くようなことが記されている。

> フランスの政府機関の業務は、概してテンポが遅く不親切であるが、P・T・Tの郵便業務は例外的であって、ストライキの場合を除くと、一般に遅配や欠配の苦情を耳にすることは少ない。これは、文通を好み、文書による意志確認を重んじるお国柄を反映するものであろう。（中略）
>
> これに反し、電話業務は不評で、フランス電話・電信利用者連合を組織して、通話の迅速・明瞭化、盗聴の廃止（治安上の理由から、盗聴の行われてきたことは公然の秘密

である）、混線や通話の途中で電話が切れる事故の防止、家庭電話の普及（八五％の家庭が電話をもっていないのが現状である）、公衆電話網の整備、料金の引き下げ、使用電話料内訳の明確化などの要求をかかげて、圧力をかけているが、早急の解決は困難のようである。過去において電話による意志疎通を好ましく思わなかったことが遠因であるが、スピードを要求される時代に入って、意識に変化が見られる今日でも、技術者の不足、機械の老朽化、新鋭機器の開発の遅れ、高層建築の出現による利用希望者数の激増が、事態改善のネックとなっている。

たしかに、私が初めてパリを訪れた一九七九年でも電話の状態はこの記述とほとんど変わらず、これでは日本のほうが、テクノロジーの面でははるかにフランスに先行していると驚いたものだった。

それから五年後の一九八四年でも、状況はあまり改善されず、特に公衆電話の荒れ方はひどかったが、この年にテレフォン・カードが導入されてからは、状況は劇的に変化した。今では電話は、ほぼ日本と変わらない状態にある。

とするなら、一九八四年にプヌマティックが廃止されたことは、かなり大きな意味をもってくることになる。すなわち、フランス政府、とりわけパリ市の当局者は、プヌマティックがいまだに機能していることが、前世紀に確立された速達書簡重視の習慣がすたれない原因であると見なして、近代化の推進のためには、まずハードウェアのほうから濠を埋めていくことが必要であると決意したのである。

同じことが、自動車についてもいえる。つまり、一九八〇年代の半ばまで、フランスには車検というものがなかったので、シトロエン2CVやルノー4などといった戦前型のオールド・ファッションの車が堂々と町を走っていたが、一九八五年に車検が導入されると、こうしたノスタルジックな車はたちまち生産中止となり、あっと言う間に町角から姿を消した。

私のようなレトロ人間にとっては、このフランスの遅ればせの近代化が残念でたまらない。フランスは、先進国の近代化のレースで、いつのまにやら自分がドンジリを走っていることに気づいて以来、猛烈なスパートをかけ、日本やアメリカに追いつこうとしているようだが、もう少しの間ビリを走っていたら、エコロジー化の風潮の中で、一周遅れのトップランナーではなく、ほんとうのトップランナーになれたかもしれないのである。

すくなくとも、プヌマティックは、多少時間はかかっても、エネルギーもそれほど消費しない安上がりのコミュニケーションの手段であったことは確かなのだから。

彩色本の魅力

この世界の森羅万象には色がある。色彩のないものはない。したがって、森羅万象を二次元の世界に表象しようとする人が現われたとき、その表象されたものに色彩が伴っているのはあまりにも当然のことであった。人類最古のアルタミラの壁画にも色がある。その色は自然から調達してくればよかった。植物や動物、あるいは鉱物から、表象のための色彩が採取された。その色彩は近似のものにすぎなかったが、近似でも、とにかく表象されたものに色がついていることは自明の理であった。なぜなら、表象すべき森羅万象に色がある以上、色がなければ、その表象とはなりえなかったからである。

この、表象されたものには色が伴うというのは、芸術の歴史においては非常にながいあいだ維持された前提であった。古代では彫刻にさえ色彩が施されていた。

ではそれが自明ではなくなったのはいつかといえば、複製芸術の登場以後である。逆にいえば、複製芸術登場以前には、芸術品で色彩の伴わないものはなかった。

絵画はもちろんのこと、書物ですら色彩が伴うのは当然のことだった。羊皮紙に書かれた中世の写本はその典型である。イリュミナシオン（彩色画）が初めからない写本というのは極めて珍しい。イリュミナシオンのない写本は、途中で抜き取られてしまったものがほとんどである。

ところが、複製芸術の登場により、人々は、色彩のない表象というものもありえるのだということを初めて学んだ。もちろん、複製芸術をつくりだした人も、最初は、色つきの複製芸術にしようと試みたにちがいない。なぜなら、色なしの表象というものはありえないと思われたからである。だが、技術的な制約から、つまり、版を多色に塗り分けることが困難であるがゆえに、結局、複製芸術は色なし、より正確にいえば単彩の表象としてスタートすることを余儀なくされた。その結果、歴史上初めて、色なし、あるいは単彩の表象というものが生まれた。二次元表象の歴史において、この事実は思っているよりもはるかに重大であり、その影響はもっと真剣に検討されてよい。

たとえば、単彩の芸術というものも「あり」なのだという認識も、この事実がなければ生まれなかったものだろう。また、その一方で、複製芸術というのは、本来的に「単彩なものだ」という思い込みも出てきた。

そのため、色彩つきの複製芸術というものが考え出されたときには、それ自体は、本来の表象の姿への回帰でありながら、非常に特殊なもの、奇異なものと感じられるという事態も生まれた。これは、そののち写真が辿る運命とよく似ている。つまり、色彩つきの複製芸術というのは、複製芸術としては邪道だという考え方がすでにできあがっていたのである。もちろん、こうした考え方が出てくるには理由がないわけではない。つまり、色彩

ジョルジュ・バルビエ『モード・エ・マニエール・ドージュルデュイ』より——写真製版が登場した20世紀の初頭でも、デザイナーの頭にある服を色彩で表現するには特殊な複製技法、ポショワールが必要だった。孔のあいた板の上からハケで絵の具を塗るポショワールは、天才的なポショワール刷師ジャン・ソデの出現で突如過去から蘇った。

つきの複製芸術というものは、最初のうちは極めて稚拙なもので、全然美しくなかったからである。

では、初期の色彩つき複製芸術にはどんな技法があったかといえば、もっとも単純なものとして、ポショワールすなわちステンシル孔版をあげることができる。これは、孔をくりぬいた金属板のうえから、ハケで絵の具を塗ってゆくというもので、暦などの民衆用版画などでは中世末期からすでにその姿を現わしていた。しかし、この技法は、二十世紀にジャン・ソデが改良を加えて複雑な色彩表現を可能にするまで、そのあまりの単純さゆえに、芸術作品の制作方法としては認識されていなかった。

多色刷の板目木版についても同じことがいえる。これは原理的に単純なので、印刷術の発明と同時に登場したが、ヨーロッパでは、日本の浮世絵のような複雑な技法へと発展することなく、そのまま廃れてしまった。これがオーギュスト・ルペールによって復活するのは、浮世絵の影響を経た世紀末のことである。

となると、残るは銅版か鋼版しかないということになるが、凸版にしろ凹版にしろ、多色刷にするには、恐ろしいほどの手間と根気、そして類い希な芸術的な直感が必要となる。そのため、複製芸術としては、十枚程度しか刷れないはなはだ割に合わない技法となってしまった。そのせいだろう、ごく少数の、特別に多色刷の銅版や鋼版を愛する芸術家を除くと、あえて自己表現のためにこの技法を採用しようとするものはほとんど現われなかった。

唯一の例外は、点刻銅版（スティップル）を使った博物画だろう。これは、十八世紀の末から十九世紀の初頭にかけて、ビュフォンやキュヴィエなどの博物学者が著した博物図鑑に、自然の色彩そのままに動植物の絵を再現する必要に迫られて開発された技法である。点刻とはようするに、入れ墨と同じ原理で、点を打った穴に一点一点、色を埋めてゆくという気の遠くなるような作業を続けてゆくものだが、この技法の特徴は、澄んだ透明な色彩が得られること、および、比較的枚数を多く刷れるということにあった。博物画に向いていたのはこのためである。しかし、十九世紀も三〇年代をすぎるあたりから、この複雑で手間のかかる技法は廃れ、二十世紀にならないと復活しない。

多色刷版画ということで、十九世紀にもっともポピュラーだったのは、多色刷石版（クロモリトグラフィー）である。というのも、石版画は、彫刻刀による「線」や「点」ではなく、化学変化を利用した「面」の版画なので色彩表現には向いていたからである。クロモリトグラフィーは、最初、一色につき石版一枚を使う原始的方法に頼っていたが、一八三六年、フランス人のアンジェルマンは、ニュートンの三原色の原理、すなわち赤・青・黄の三色をうまく組み合わせればあらゆる色彩が得られるという理屈を応用した三色重ね塗りのクロモリトグラフィーを発明した。十九世紀の多色刷版画のほとんどは、このクロモリトグラフィーによるものだが、ただこの方法には、重ね塗りをするため色が濁って見えるという大きな欠点があった。そのため、美しい色彩表現を切実に必要とするモード画には、なかなか採用されなかった。

そこで浮上したのが、色彩表現としてはもっとも原始的な方法、つまり、絵筆によって一枚一枚、版画に色を塗ってゆく手彩色という方法である。これは手間はかかるが、技法に習熟する必要もなく、また特別の才能も要らなかったので、人数さえ確保できれば、人海戦術で枚数をこなしてゆくことができた。そのため、この作業には工賃が安くしかも仕事の丁寧な若い女性が多く充てられた。彩色女工というのは、女性の職業としてはもっとも早く確立したもののひとつに数えられる。女工のストライキは、この彩色女工たちが賃金の値上げを訴えて組織したのが最初とされている。

この手彩色の技法は、木版や銅版あるいは鋼版などで描かれた黒縁の中の白い空間を、細かい筆先につけた水彩絵の具で満たしてゆくことにあり、基本的に「塗り絵」と同じである。したがって、彩色女工のセンスや技量によって、「塗り絵」にも上手下手の差が出てくる。しかも、十九世紀にはまだ「流れ作業」という概念が確立されていなかったので、一人の彩色女工が、版画の一部だけを繰り返し彩色するということはなく、少なくとも一枚の版画はすべて一人が担当したので、同じ版画でも、彩色女工の塗り方によって印象がずいぶんと違ってくる。

ランテ「劇場の案内係」――白黒が当たり前になっていた複製芸術は、カラー写真の登場まで、どうやって色を複製するかで頭を悩ますことになる。唯一の確実な解決策は、一枚一枚、銅版や鋼版で複製された図版に筆で色を塗ってゆく手彩色の技法であった。

これは、手彩色版画の多数入った挿絵本についてもまったく同様のことがいえて、同じ版の挿絵本でも、一冊一冊、手彩色の版画は、その「仕事」に微妙な巧拙の違いがあり、「同じもの」という概念は通用しない。ようするに、十九世紀の手彩色の挿絵本というのは、完全な職人仕事だったのであり、その魅力もあげてこの点にある。コレクターが、同じ挿絵本を何冊も買うのも、一冊一冊がすべて異なった「仕事」によって個性をもっているためである。

ところで、十九世紀の手彩色の版画や挿絵本の魅力を語る上で忘れてはならないのは、それが職人仕事であるということのほかに、現在ではもう再現しようのない自然の「顔料」が用いられていることをあげなくてはならない。つまり、手彩色の版画や挿絵本というのは、草花や昆虫などから採取された天然色素を使っているので、非常にピュアーな色彩を出しているということである。十九世紀の後半に、染色化学の発達で、亀の甲の化学式（分子構造）が解明されさえすれば自然と同じ色素を人工的に作り出せるようになったが、これ以後、天然のピュアーな色が出せなくなったのである。

十九世紀の後半からは、藍に代わるアニリン、茜に代わるアリザニン、インド藍に代わる人工インディゴなどが続々登場し、自然の色素をほとんど淘汰してしまったので、顔料の色の質自体が変化して元に戻らなくなった。江戸末期から明治にかけての浮世絵の質が低下したのは、「赤」の顔料が茜からアリザニンに代わったため「どぎつさ」が出て、色調のバランスが崩れたこともあるといわれるが、これとまったく同じ現象が、十九世紀の着色版画や挿絵本についても観察することができる。

ただ、ヨーロッパでは、人工色素の登場は、手彩色版画や挿絵本の退潮とほぼ時期的に一致していたので、手彩色の版画や挿絵本に人工色素が悪い影響を与えることが少なかったことだけは唯一の「救い」だったかもしれない。手彩色の版画や挿絵本は、「自然の色」とともに天寿をまっとうできたのだからまだしも幸せだったということができるだろう。

その代わり、アニリンやアリザニンは、新しく登場したヘリオグラビュールや写真製版などで色の質を規定し、赤や緑がきつく出るあの世紀末特有の色調を生み出すこととなった。ミュシャのあの独特の色は、化学の色素革命の産物だったわけである。

集団の意識と広告

ベンヤミンは『パサージュ論』の中で、広告について不思議なことをいっている。

モードも建築も、それが生きられている瞬間の暗闇の中に身を置いており、集団の夢の意識に属している。その意識が目覚めるのは——たとえば、広告においてである。

［K2a4］（今村仁司他訳）

素人考えでは、広告こそ集団の「夢」のような気がするのだが、ベンヤミンは、広告はむしろ集団の意識の「目覚め」をあらわしていると述べている。おそらく、ベンヤミンがいいたいのは、建築やモードにおいては、テクノロジーの要求する機能性をアートの表現が覆い隠そうとするので、集団の意識は夢の中に落ちるが、広告では、テクノロジーの機能性それ自体がアートの表現をかたちづくるので、集団の意識は目覚めをむかえるということなのだろう。

なるほど、広告、とりわけ広告美術の誕生は、木版印刷や石版印刷といった図像の複製技術の誕生と軌を一にしている。そこでは、表現された図像が複製技術を恥じて覆い隠そうとするのではなく、逆に、複製技術の機能性があらたな図像表現を生む。

例を日本の引札（商人が配るチラシ）に取るならば、板目木版しか表現手段のなかった江戸においては、その色彩と発行部数の制限ゆえに、引札アートは自立する術を知らなかったが、明治になって、多色刷石版（クロモリトグラフィー）が登場すると、アートはまったく新しい自己表現の道をそこに見いだすことになる。

ある種の表現方法や典型的なシーンなどが十九世紀には広告のうちに『移行』しはじ

める。

（『パサージュ論』［GLa.1］）

ところで、この場合注目したいのは、広告（引札）をアートとして見なそうとしたのは、なにもグラフィック・デザイナーとは限らないということである。引札をもらった客のほうもまた、それをアートとして享受していた。なぜなら、それまではカラー表現の豊かな図像というものが一般家庭にはほとんどなかったからである。

商店主が、お中元や年末年始に、手拭に添えて配る引札は、彩色も豊かに顧客の室内を飾った。それだけに、庶民の喜びは大きく、視覚的娯楽の乏しかった当時としては、引札の到来を待ちかねる家庭も多かった。

（大伏肇『日本傑作広告』青蛙房）

ようするに、明治においては、引札は、その色彩表現の豊かさゆえに、美術品として崇められ、室内の飾りとなっていたわけである。ベンヤミン風にいえば、仏壇や神棚と同じように、特定の個人にのみ享受される礼拝的価値をもっていたことになる。ここで驚くべきことが起きる。機能の類似が、表象の類似を呼ぶのである。なんのことかといえば、どうせ崇められるなら、引札に描かれる図柄には神や仏に近いものがいいということで、恵比寿や大黒、福助、鶴亀、天女といったラッキー・ゴッドが選ばれることになる。

もちろん、これには、本末転倒だという議論が出てくるだろう。引札には、縁起物ということで江戸時代から、恵比寿や大黒の類の図柄が多かったという意見である。あるいはそうかもしれない。しかし、たとえ、そのとおりだとしても、明治になってカラー印刷が可能になったからこそ、引札のラッキー・ゴッドの礼拝的価値が一段と高くなったのではないか。というよりも、カラー礼拝が、ラッキー・ゴッドを召喚したと考えたほうが筋道ではないだろうか。そして、いったん礼拝的価値を認められた引札は、時代が大正、昭和と下るにしたがって、機能はそのままにして、表象だけを変えてゆく。恵比寿や大黒がヌードの女神に取ってかわられるまで、それほど時間はかからない。

と同時に、引札は、広告芸術へと成長してゆくのである。

モードと肉体

モードは説明できない。たとえば二十世紀初頭にポール・ポワレが流行させたディレクトワール・スタイルは、文字どおり百年前のディレクトワール（執政）時代に流行したスタイルのリヴァイヴァルだが、なぜ、それがその時期に流行したかは説明不可能である。

しかし、モードを社会全体のパースペクティブの中で眺めてみると、モードもまた広い意味での文化の変化に従っていることがわかってくる。ベンヤミンの『パサージュ論』はそうした文化変動を見事に分析した本だが、中で最も重要だと思われるのが次の一節である。

十九世紀とは、個人的意識が反省的な態度を取りつつ、そういうものとしてますます保持されるのに対して、集団的意識の方はますます深い眠りに落ちてゆくような時代〔Zeitraum〕（ないしは時代が見る夢〔Zeit - Traum〕）である。この集団はパサージュにおいておのれの内面に沈潜して行くのである。われわれは、この集団をパサージュのうちに追跡し、十九世紀のモードと広告、建築物や政治をそうした集団の夢の形象の帰結として解釈しなければならない。〔K1・4〕

この指摘には思わず唸る人も多いだろう。では、いったいベンヤミンはパサージュや駅やモードを「集団の夢の形象」と捉える思考法をどこから思いついたのだろうか？　結論から先にいってしまうと、ベンヤミンの着想の源泉はフロイトの夢理論とマルクスの上部構造・下部構造論にある。

フロイトは、眠っている人というのは、眠り続けるためになにか内臓に動きがあると、それによって眠りが中断されないようにその動きを夢に「表現」すると言っている。いっぽう、マルクスはイデオロギーだとか芸術だとかいう上部構造は技術や経済という下部構造を歪んだ形で反映していると述べている。

ベンヤミンは、こうしたフロイトとマルクスの考えを総合して、上部構造は、ちょうど眠っている人が内臓の動きを夢の中に「表現」するように、下部構造を単純に反映するのではなく「表現」するのだと述べている。十九世紀という時代を一人の夢を見ている巨人にたとえると、巨人の体内の動きにあたるのが、技術や経済あるいは機能性という要素であり、「夢」にあたるのがパサージュや建築やモードである。眠る巨人は技術や経済あるいは機能性といったものをそのまま夢に見るのではなく、それを「夢」へと「表現」する。なぜかといえば、眠る巨人は、基本的に眠り続けたいという願望をもっているので、内臓の動きに目を覚まされたくないからだ。

ところで、内臓の動きが活発になれば、この活動を抑えるために夢として動員されるイメージも増えてくる。たとえば、鉄骨建築が支配的になるにしたがって、それを覆い隠そうとするファサード（建物の正面）はますます派手なものになる、つまり装飾性が動員されるのだ。技術や機能性がそのまま剝き出しになって夢がさめてしまうのを恐れるからである。こうした「集団の夢」の行き着いた先がデパート建築であり鉄道駅である。いずれも構造は鉄骨だが、外側は豪華絢爛たるファサードで飾られている。

では、モードの場合はどうなのか。十九世紀のモード、とりわけ女性モードが世紀末に向かうにしたがってますます華美に派手に、つまり装飾的になっていったことは事実である。しかし、それは下から突きあげてくる何かを覆い隠すための抑圧的な装飾性でしかない。ならば、モードにおいて、建築の鉄骨などの技術や機能性に当たるものはなんなのかといえば、それはおそらく女性の肉体ということになる。経済や技術革新などの社会の進歩に押されて、女性の肉体が機能性を要求し始めたのだ。しかし、集団の無意識は、その要求が表にあらわれることをなかなか許そうとはしなかった。そこで、コルセットはますますきつくなり、モードはますます装飾的で手の込んだものになっていった。

だが、二十世紀の到来とともに、技術の要求する機能性が装飾性を突き破って、表に出てくる瞬間がやってきた。ベンヤミンは、それは第一次世界大戦における近代兵器の出現だと結論している。なるほど、兵器ではその技術の機能性を芸術の装飾性で覆い隠す必要がないわけだ。これが十九世紀という夢の終わりである。

二十世紀に入ると、建築では鉄筋コンクリートの摩天楼が空をひっかき、モードではポール・ポワレのドレスが女性をコルセットの重圧から解き放った。ともに機能性が装飾性に勝利して夢からさめたのである。

ただ、モードの場合、すべてを女性の肉体の自律的な要求に還元してしまうことができないというところに問題がある。つまり、肉体の要求という内在的要素以外に衣服に機能性や単純性への回帰を促すものがあったのだ。いいかえれば、モードにおいては肉体それ自体の要求のほかに、外部からそうした機能性や単純性を有する何かが、ほぼ同時期に移入されて刺激を与えたにちがいない。

それは何か？　ジャポニスムである。とりわけ、キモノの単純性と機能性は、ヨーロッパにおけるモードの概念を根底から覆して、ポール・ポワレの革命を用意する重要な伏線のひとつとなった。この意味で、ジャポニスムは、モードにおける革命意識の目覚めを外から助けた助っ人部隊ということになるのかもしれない。

第5章　見る

リューマチが生んだ光の都

第一回印象派展の開かれた一八七四年には、パリではどんなことが起こっていただろうか？　それを知りたくなって、この年の『モンド・イリュストレ』と『ユニヴェール・イリュストレ』をひもといてみた。

ひとつだけ確実にわかったのは、肝心の第一回印象派展はおろか、これに参加した画家についてもなんの言及もないことである。面白半分のからかい記事ぐらいは出ているのかと思ったが、それもない。とにかく完全な無視である。

いっぽう、この年のサロン（官展）出品作のほうは、木口木版による複製が年間を通して掲載され、画家についても詳細な紹介記事が出ている。

つまり、一八七四年の平均的パリジャンは第一回印象派展にはなんの関心ももっていなかったようである。

では、この年のパリジャンの興味を惹きつけていたのはなにかといえば、それはいよいよ完成に近づいて、全容をあらわしてきた新しいオペラ座である。工事の足場がとれ、各部分が公開になると、絵入り新聞はさっそくこれを紹介している。一八七五年一月五日にオペラ座が開場するまで、絵入り新聞は詳報を毎週のように掲載していく。

もうひとつ絵入り新聞で目につくのは、これと並行するような形で、つまり、オペラ座の開場に完全にタイミングを合わせるように、一八七四年の暮れから一八七五年の年頭にかけて、ボン・マルシェ、ルーヴル、プランタン、ヴィル・ド・サン＝ドゥニ、ポーヴル・ディアーヴルなどの大手、中小のデパートが大掛かりな宣伝合戦をくりひろげていることである。いずれも、デパートという名にふさわしい巨大な新館を完成させ、全面広告やタイアップ記事を次々に打って、大売り出しの宣伝を行っている。

このように、絵入り新聞から一八七四年のパリを回顧する限りでは、パリジャンは、第一回印象派展が開かれたことなどつゆほども知らず、サロンに足を運び、新装なったデパートで買い物をし、完成していくオペラ座を眺めていたことになる。おそらく、実際のパリジャンの生活も、この平均像とはあまりちがってはいなかったのではないか。

しかし、ここから、新しい美学を生み出した印象派の画家たちと、デパートの新館での買い物に熱中し、オペラ座の開場を待ち望んでいた一般のブルジョワジーとの間にはなんの接点もなかったなどという性急な結論を導きだしてはならない。なぜなら、新しい時代を切り開く芸術家の感性と、時代の新事物に熱中するブルジョワジーとの間には、外面的にはなんの影響関係もないように見えても、深層の部分では、ある種の同時代的な共通性が存在しているというのが歴史の法則だからである。

では、印象派とデパートという、およそ掛け離れたこの二つの要素を、その底部においてー一つに結びつけるものはなんなのか？　謎かけでいえば、印象派とかけてデパートと解く、である。

その心は、第一には、建物の共通性である。

第一回印象派展が開かれたのは、カピュシーヌ大通り三十五番地のナダールのアトリエであったことは、印象派を論じたすべての本に書いてある。だが、この建物がどんな種類の建物だったかということになると、どの本にも一言の言及もない。これはおかしい。なぜなら、ナダール写真館というのは、当時はまだ商業建築としては珍しかった鉄骨建築だったからである。だが、どうして鉄骨建築だったことに言及すべきなのか？

比較対照のもういっぽうの項であるデパートが鉄骨建築だったからか？　もちろん、それもある。しかし、それだけではない。

じつは、第一回印象派展は、鉄骨建築の建物で開かれるべきある種の必然性をもっていたのである。それは、印象派絵画の最大の特徴である「光」と関係している。

一般に、印象派の画家は、キャンバスを戸外に立てて、戸外の光の中で直接絵の具で風景をとらえた最初の絵かきだったといわれている。それまで、画家たちは、アトリエのランプの光の中で制作を行っていたから、これは大変な変化である。ところで、印象派の絵画が外光の中で制作されたとするならば、それを鑑賞するのも、原理的には、外光の中で行うのが一番いいということになる。少なくとも、薄暗いルーヴルのような室内ではなく、外光がふんだんにふり注ぐような室内があればこれに越したことはない。だが、そんなお誂え向きの建物がパリにあったのだろうか。

一八七四年当時、パリには、一つだけ、こうした印象派絵画の展覧会にふさわしい建物が存在していた。それは、一八五五年の第一回パリ万国博覧会の際に、メイン会場として造営された産業館（パレ・ド・ランデュストリ）である。産業館は、セントラル・ホールの部分の丸屋根をガラスと鉄骨で覆った、陽光のゆたかに入り込む明るい展示会場だったから、本当なら、印象派の画家たちはこの会場に自分たちの絵を並べたかったにちがいない。

だが、皮肉なことに、この産業館は、印象派が打倒すべき相手としていたサロン（官展）の会場となっていた。サロンに出品されるアカデミーの画家たちの伝統的絵画は、ほとんどが、アトリエの人工光の中で制作されているのだから、それを陽光のもとで鑑賞することになる産業館は、本来なら決してふさわしい会場ではなかったが、出品作を一堂に審査できる広大な空間がほかにないので、第一回パリ万博以来、ここが会場とされていたのである。

そのようなわけで、印象派の画家たちは、必然的に、採光のいい、明るい会場を他の場所に求めざるをえなくなったわけだが、そんなとき、カフェ・ゲルボワで知り合ったボへミアンの王、常に権威を憎み新しいものを愛する写真家ナダールが、第一回印象派展の会場がないなら、自分のアトリエを提供しようといってくれた。これはまさに、渡りに船の申し出だったにちがいない。

ナダール写真館の建物は、現存する鉄骨の商業建築としてはパサージュについで古く、一八五五年に建築されている。ただ、建築の発注主は、ナダールではなく、ルグレーおよびビソン兄弟で、いずれも初期の写真家だった。当時の写真は、撮影にも、また現像・焼き付けにも多量の光（リュミエール）を必要としていたので、写真スタジオには、ガラスで天井とファサードを覆って外光が入り込むようにしたこうした鉄骨建築が必要だったのである。一八五〇年代に、他の多くのカリカチュリストと同じように、カリカチューールから写真に転身したナダールは、一八六〇年にこの建物を譲り受け、写真スタジオを設けて、第二帝政期の著名人の肖像写真を撮りまくることになったのだが、語のあらゆる意味で「光」を求めていた印象派の画家たちから見れば、外光の溢れるこのナダールのアトリエは、望みうる最高の会場だったものと思われる。

展覧会場としての条件の良さはほかにもあった。なにしろ、ここは、当時もっともにぎやかな盛り場だったグラン・ブールヴァールの一つカピュシーヌ大通りにあったから、アクセスも最高だったのである。

ところで、ナダール写真館の「光」といえば、ここには、もうひとつ忘れてはならない光があった。写真館のガラスのファサードに大きく「Nadar」と独特の書体で書かれたロゴである。このロゴは、ガスの焔によって明るく照らし出されて、夜の闇の中に強烈な光（リュミエール）を放っていた。しかも、この巨大な照明看板を発明・デザインした人物も、不思議なことに、光に関係したリュミエール（光）という名前だった。すなわち、のちに映画の生みの親となるルイ・リュミエールの父、アントワーヌ・リュミエールである。

このように、ナダール写真館は、二重、三重の意味で、光（リュミエール）と関係していたが、なによりも外部の光（リュミエール）を求めた印象派が、ここに、第一回の展覧会の開催の場所を求めたのはたんなる偶然と片づけることはできない。我々としては、印象派とナダールという、保守的な時代を切り開く「光」を求める精神同士が運命的な出会いを果たしたと思いたい。いや、ナダールをはじめとする写真家の登場が、絵画から自然の模倣という要素を奪ったのが印象派の始まりとするなら、この出会いにはもうひとつの必然さえあったということができる。

印象派と光と鉄骨建築。この三つを連環させる関係は、ほぼそのままの形でデパートと光と鉄骨建築を結びつけている。

今日、われわれは、デパートが鉄骨で建てられ、内部に光が満ちあふれているのはごく当たり前のことと考え、そこになんらかの人間の想像力が働いているなどとは決して思わない。だが、デパートの歴史を誕生の時点までさかのぼれば、この三つが結びついたときに初めてデパートという「制度」が生まれたことに気づく。それは、デパート誕生以前の商業形態がどうであったかを考えてみればすぐにわかる。

デパートが誕生する前、商品は必ずしも見ることのできるものではなかった。商店は暗く、客が必要な品物の名前を口にしたあとで、店員がその商品をようやくカウンターに運んでくるというような前近代的な商業形態が主流を占めていた。「良賈は深く蔵す」というのが商人のモットーで、売買は一種の駆け引きだった。客が、広くて明るい店内でさまざまな商品を見て回ったあとに買う商品を決めるというようなことは初めから許されていなかった。ひとことで言えば、商品は、アカデミーの画家の描いた暗い絵画のように外光を嫌う背日性をもっていたのである。

ところが、一八五二年に、アリスティッド・ブシコーという男がボン・マルシェを創業して以来、商品はにわかに向日性をもつようになった。薄暗い店内で触覚によって商品を選んでいた客は、外光をふんだんに取り入れた明るく広々とした店内で自由に商品を見てから、つまり視覚によって選ぶようになった。明るければ明るいほど、商品の吸引力は増大した。その結果、商品は、印象派の絵のようにカラフルで明るくなり、ますます、外光を要求するようになった。

ここで登場するのが、鉄骨とガラスで天井を覆った万博のパヴィリオン風建築、ようするに、第一回ロンドン万博に登場したクリスタル・パレスのような鉄骨建築である。というのも、できる限り明るい陽光で照らされた店内こそが商品の販売を促進するという認識が商人の間に生まれてきたからである。

パリでこの種の建物といえば、それは前述の産業館にほかならなかった。ただ、産業館は、ロンドンのクリスタル・パレスとは異なったひとつの特徴をもっていた。産業館は、内部こそ、鉄とガラスのクリスタル・パレス風の建築だったが、外側は、重厚美学に基づく石造りのファサードで覆われていたということである。

これは、じつは、一八五五年におけるフランス産業の未成熟のなせるわざだった。なぜかといえば、万博の開幕というタイム・リミットまでに建物を完成するのに、フランス国内で生産される鉄材では足りないことが建築途中でわかったため、急遽、外壁を石造りに変更したという事情があったからである。結局、産業館は、外壁を石に代えてもなお鉄骨が足りず、最終的には、アメリカからの緊急輸入で鉄材を補ったが、これをもってしてもわかるように、第二帝政初期のフランスの鉄鋼産業は、英米とは比較にならないぐらい非力だった。

だが、こうしたフランス産業の非力さが、かえってフランス独特のデパート建築を生んだのだからおもしろい。すなわち、温室のようにただ広くて明るいだけではなく、そこで買い物をする女性客のステイタス意識を刺激するなにかを建物に求めていたデパート経営者たちは、鉄骨とガラスで作った巨大ホールを重厚壮麗な重々しい外壁が囲むということの産業館の中に、理想とするデパートのアーキタイプを見いだしたのである。

ところが、新しいタイプのデパート建築の設計を始めていたデパート経営者たちの前に、もうひとつ、参考にすべき新しい建物が突如姿をあらわしてくる。シャルル・ガルニエが設計した新しいオペラ座だった。

十九世紀の半ばまで中世の面影を残す前近代的都市だったパリは、一八五一年のクー・デターで全権を掌握したナポレオン三世の命を受けたセーヌ県知事オスマンによって、大改造計画が進められていた。ナポレオン三世は新しいパリにはそれにふさわしいオペラ座をと考え、現在の場所に新しいオペラ座を建設することを決めた。無名の建築家だったシャルル・ガルニエのプランが採用されたのは一八六一年のことだったが、地下水の湧出などで工事が手間取り、一八六七年の第二回パリ万国博覧会のときには、ファサードだけが公開されたにとどまった。それでも、華麗にして重厚な独特の様式をもったこの建物を一目見たデパート経営者は、万博風パヴィリオン一辺倒だった新館の構想を大きく変更せざるをえなくなる。すなわち、劇場的な要素の導入という発想である。

その典型は、一八五二年にアリスティッド・ブシコーが創業した世界最初のデパート、ボン・マルシェの新館（一八七二年に一期工事終了）に見ることができる。

このボン・マルシェの新館は、クリスタル・パレスにオペラ座の外観をかぶせたものと言えばわかりやすい。つまり、外から見ると、御影石を外壁に使ったファサードは従来の漆喰壁の商店とは比べものにならないほどに豪華絢爛で、入口の上と角に配された装飾的なドームとともに、ここが、日常的な時間とは異なったハレの時間を生み出す空間であることを強調し、あたかも劇場を前にしているような錯覚をつくり出している。だが、店内に一歩足を踏みいれると、そこに待っているのは、天井のガラスからさし込む光（リュミエール）が商品の群れを映しだす万国博覧会場のような明るい開放的な空間である。

この重厚な外観と、内部の明るさのアンバランスが実はアリスティッド・ブシコーの独創だった。それは、いわば、キャンバスの中に、戸外の光と色彩を閉じ込めようとした印象派の試みと一脈通じるところがあった。いや、一脈通じるどころか、その精神は、太陽の光を、デパートという閉じられた空間に導き入れたうえで、これを商品という絵の具によって再現し、店内に新たな「印象」を生み出そうとする点で、まったく印象派と同質なものとさえいえた。というのも、ブシコーにとって重要なのは、冬なら春の、夏なら秋の、ようするにひとつ先の季節の印象を商品によって店内にかもしだすこと、つまり、自然の光を馴致し意のままに操ることだったからである。

この意味では、第一回印象派展のことなどつゆほども知らずまた関心もなかったパリのブルジョワジーも、ブシコーの演出したデパートのディスプレイという形において、印象派の画家たちが与えようとしていた「外光」の感覚、つまり「印象」をしかと受けとめていたということができるだろう。

とはいえ、この時代に新館をオープンしたデパートが、印象派のように、外光一辺倒だったと断定してしまうのは明らかに行きすぎである。なぜなら、デパートは、オペラ座のような外観を採用することで、同時に、劇場の光、いいかえれば、ガス灯やシャンデリアなどの人工光を演出する方法も学んだともいえるからだ。すなわち、人工光を大幅に導入し、これを巧みに操ることで、デパートは、昼間は万国博覧会の会場だった祝祭空間を、夜は、一転して、華麗な劇場空間へと変貌させたのである。その結果、昼の間は、陽光がふりそそぐ野原に咲いた可憐な花だったデパートの商品は、日が落ちると同時に、オペラ座の舞台でスポット・ライトを浴びる歌姫《ディーヴァ》へと変身することになる。デパートは、外光ばかりでなく、人工光の演出法も、同時代の新風俗から貪欲に摂取していたのだ。

もっとも、印象派とても、夜の人工光をキャンバスから排除していたわけでは決してない。それどころか、輝きと光度を増したガス灯やケンケ・ランプで照らされたフォリー・ベルジェールの回廊やヴァリエテ座の楽屋は、マネのインスピレーションを著しく刺激し、人工光で照らされた大きな室内空間は、夜のライト・モチーフとなる。ドガがオペラ座を好んで描いたのも、大掛かりな人工光の演出に心を動かされたからなのだろう。

このように、デパートやオペラ座のガス灯の輝きに魅了されていたブルジョワジーの感性は、「光」に対する感受性の鋭さという点では、印象派とそれほどの隔たりはなかったのである。

ところで、これまで、「光」という要素を軸にして、印象派とデパートのパラレリズムを見てきたが、実際には、「光」という通底性は、たんにデパートのような都市の一風俗ばかりでなく、同時代のパリという大きな枠組みのほうへも広げていくことができるし、またそうすべきである。というのも、デパートの「光」は、あくまで、セーヌ県知事オスマンの改造によって生まれた新しいパリの「光」の一部にすぎないからだ。

一般に、ナポレオン三世が、オスマンにパリ大改造を指示した理由としては、①ローマのような壮麗な都を造りたいという美学的な欲望、②革命が起きるのを防ぐために狭い路地をなくし、広い道路を設けるという軍事的根拠、③交通渋滞の解消という都市論的目見、および④ロンドンのような下水道の完備した都市を造るためという公衆衛生的発想の四つをあげるのが常識になっているが、もう一つ忘れてはならないのが、大気の還流をよくし、澱んだ瘴気を吹き払うことで伝染病の発生を予防するという、彼の空気感染説的な思い込みである。

すなわち、マルヴィルの写真に写されたような、太陽の光が永遠にささない暗くジメジメとした路央下水溝の狭い路地から瘴気は発生すると考えたナポレオン三世は、人家の密集したスラムを一掃し、ここに、広い道路を真っすぐに通して、ファサードにも中庭にも陽光がふんだんにふりそそぐ均質な建物を両側に建てれば、空気が澱むことなく還流し、伝染病は防げると思ったのである。

その結果、パリの道路は、それまでとは比べものにならないぐらいに広くなり、また新しい建物のファサードは、汚れにくい石が使われたので、改造前と比較すると格段に明るくなった。ひとことでいえば、パリはどの街区においても、日照率が飛躍的に増大し、「光」を存分に享受できるようになったのである。

この変化は、印象派の画家たちには、ことのほか大きな影響を与えた。「光」はアルジャントゥーユまで探しに行かなくとも、季節さえよければ、新しいパリの中にいくらでもあるからだ。印象派の時代とともに、パリを描いた風景画の数が急速に増加した。

それまでは、パリの風景画といえば、セーヌにかかる橋から川の下流を望んだ構図ぐらいしかなかったが、印象派以後は、ありとあらゆる街角が画題となってくる。セーヌと同じように、広いパースペクティヴをもつ大通りや広場がしばしば印象派によって描かれる。こうした構図のパリ風景は印象派以前にはほとんどなかったものである。

また、パリ改造で、川面に漂う瘴気が消えたセーヌの河岸も好んで題材に取りあげられるようになる。セーヌは、あらたな「光」を獲得したことで、印象派の画家たちの絵心を刺激するようになったのである。

「光」はごく身近な通りにあふれていた。なぜなら、それまでは、パリの街路は、建物の窓から投げ捨てられたゴミや排泄物が変化した真っ黒な泥に覆われていたばかりか、歩道さえなかったので、貴婦人や紳士はちょっとしたところに行くのでも馬車を利用していたのだが、オスマンの改造で下水道が完備し、小さな通りにいたるまで敷石で完全舗装されたので、路上からこの泥が消えた。マネの「モニエ街の舗装工」はこうして清潔になりつつあるパリの通りを明るい色彩で描いている。おそらく、マネはアトリエ近くのなんでもない通りが舗装によって急に明るくなったことに強い「印象」をいだいたにちがいない。

きれいになった路上には、カラフルな日傘をさした貴婦人たちが着飾った姿で歩くようになった。プルーストの『失われた時を求めて』には、語り手の「私」が、ゲルマント公爵夫人と路上で会うのを楽しみにする場面があるが、これは、いままでのパリでは決して見られなかった情景といえる。

なお、『失われた時を求めて』に描かれているパリの八区や十七区などの新築の高級住宅街には、こうした貴婦人のほか、意外なことに、路上の物売りが数多く巡回していたとプルーストは語っているが、それは、この街区がオスマンの改造で一階の商店を排除した高級な建物ばかりになってしまったため、日常の食品のたぐいは逆に路上の物売りに頼るほかなくなってしまったからである。

雨の日でも、路上を普通に歩けるようになったことの意味も大きい。なにしろ、これまではいったん雨が降ったら、パリはそのとたん、身動きのつかない泥土の都と化したからである。カイユボットの「雨のパリ、トリノ街とモスクワ街の交差点にて」は、こうした背景がなければ、決して描かれることはなかったはずの絵である。

印象派以前にはなかった絵といえば、忘れてはならないのが、パリの夜景を描いた絵である。ギヨーム・ド・ベルティエ・ド・ソヴィニーが編纂した『絵画によるパリの歴史』という本を開いてみればそのことは一目瞭然である。オスマン改造以前には、パリの夜景といったら、火事の絵と花火の絵ぐらいしかない。それもそのはず、パリは、オスマンの改造でガス灯が大規模に設置される以前は、グラン・ブールヴァールやパレ・ロワイヤルなどの盛り場を除くと、ルイ十四世の頃とさほど変わらない、ほとんど真っ暗闇の町だったのである。夜景を描きたくとも、スケッチひとつできなかったにちがいない。

ボードレールが『パリの憂鬱』に登場させた夜のフラヌール（散策者）は、街角のそれぞれにカンデラブル（灯柱）を備えた大型のガス灯が設置されて初めて登場したものである。

だが、夜のパリをまばゆいばかりに彩った最大の光源としては、やはりデパートのショーウィンドーをあげなくてはならない。ショーウィンドーは店の閉店後も、煌々とあかりがともされていたから、暗い夜になれていたパリジャンの目には、あたかも、夜の闇の中に突如出現した楽園のように映じられたことだろう。ここでも、また「光」はデパートからという法則を確認することができる。

ところで、こうして昼も夜も、「光」を獲得して明るくなったパリの街を歩いているブルジョワたちは、かならずしも徒歩にだけ頼っていたわけではない。馬車による公共交通もまたオスマンの改造で、飛躍的に便利になったからである。オスマンのパリ改造の目的のひとつに大型の乗合馬車がすれ違える幅の道路を各街区に縦横に通すというのがあったが、これはほぼ目的どおりに達成された。その結果、目抜き通りや駅ばかりでなく、あまり人口密度の高くない街区にも、乗合馬車が走るようになった。

当時の乗合馬車の路線図と今日のバス路線図を比較してみると、かなり同じコースの路線があることに驚かされる。それほどに、乗合馬車は市民の足となったのである。この乗合馬車は、低料金の屋上席があり、ここに乗れば、きわめて安く移動できた上に、パリの風景のパノラマを動きながら楽しむこともできたので、愛好者も多かった。

乗合馬車はやがて、トラムウェイと呼ばれる、蒸気や圧縮空気を利用した路面鉄道に取って代わられることになる。一八七四年の『モンド・イリュストレ』には、パリ・トラムウェイ会社の株式公募の広告が出ているので、この頃から、徐々にパリの街には、トラムウェイが進出してきていたのだろう。

乗合馬車は均一料金で何回でも乗り換えができたので、近くの停留所から鉄道駅に行くのはずいぶんと楽になった。しかも、鉄道は、ナポレオン三世がもっとも力を入れた重点事業だったから、第三共和制の初期には、すでに、全国の中小都市にいたるまで、鉄道網が張りめぐらされるまでになっていた。

印象派の画家たちは、キャンバスを背負って、外光のもとで絵筆を握ることが多かったが、それは、彼らが乗合馬車と鉄道を乗り継いで、アルジャントゥーユやジヴェルニー、さらには、ルーアンからノルマンディーの海岸まで簡単に出掛けることができるようになったこととも深く関係している。こうしたセーヌ川下流の郊外の「光」の発見は、オスマンとナポレオン三世による交通網の整備なくしてはありえないことだったのである。モネやカイユボットが「鉄道駅」の美しさに気づいたのも、彼らが頻繁に鉄道を利用したからにほかならない。

では、印象派の画家たちほどには感性が研ぎ澄まされていないパリのブルジョワたちはどうだったかといえば、じつは、彼らも、マネやモネとほとんど変わらぬ意識で、新しいパリや郊外の差し出すさまざまな「光」を享受していた。ルノワールの描く「ラ・グルヌイエール」に描かれたボート遊びに興じるパリのブルジョワたちが、ルノワールと同じ喜びをもって川面に反射する「光」と「色彩」の饗宴に胸をときめかしていなかったとだれがいえるだろうか。というよりも、描かれた人々がそうした喜びを感じていなければ、ルノワールが彼らを絵の中に登場させることはなかったにちがいない。印象派の人々も、画家である前に、明るくなったパリと郊外の生活の恩恵をこうむっている一人のブルジョワだったのである。彼らは、まずブルジョワの一員として、パリや郊外の光に感動したにちがいない。そして、おそらくは、グラン・ブールヴァールの人ごみに紛れてデパートの内部にも足を踏みいれたことだろう。

それは、一八八八年に、ボン・マルシェが、顧客のために廉価で配布した家計簿（アジャンダ）の読物ページを見れば想像がつく。この読物ページには、ボン・マルシェのセールの広告とともに、アニエール、アルジャントゥーユ、ポントワーズなど、日曜に、日帰りで楽しめるセーヌ河畔の行楽地が絵入りで紹介されている。これは、ボン・マルシェで買い物をするブルジョワたちが、ルノワールの絵に描かれたブルジョワたちと同じ階層の人々だったことを雄弁に物語ってはいないだろうか？　ここでもまた、印象派とブルジョワたちとの「光」に関する感性の通底性を確認することができるのである。

ではいったい、印象派を含めたこの時代のパリジャンたちが、「光」に対してかくほどまでに貪欲になり、強い向日性を示すようになったのはなぜなのだろうか？　もちろん、それはパリが明るくなったためである。だが、明るいパリを欲したのはいったいだれなのか？　パリジャン自身が、パリを改造して、「陽光」を生活に取り入れることを望んだのか？　それとも歴史の必然が、パリを向日性の都市に変えたのか？　おそらく、答はノンである。もし上からのパリ改造の指令がなく、町の変革をパリジャン自身の主体性に任せていたら、パリは永久に、路央下水溝にちょろちょろと汚水が流れる日当たりの悪い都市のままであり続けたにちがいない。

だとすると、パリを文字どおりの「光」の都に変えようとする意志はどこからやってきたのか？　答はひとつしかない。ナポレオン三世である。ナポレオン三世のもっとも嫌いだったもの、それは湿気である。反対に、ナポレオン三世がもっとも好んだもの、それは湿気を追い払ってくれる太陽の「光」である。これは、ナポレオン三世が一八四〇年にブローニュの一揆に失敗し、長いあいだアムの監獄に幽閉されていたとき、湿気が原因で悪性のリューマチにかかったことに起因している。ナポレオン三世は、アム監獄を脱出すると、その足でイギリスのブライトンの海水浴場にでかけ、そこで太陽を全身に浴びようとした。そののちも、陽光ゆたかな温泉の保養地を転々として、「光」に万能の治療薬を求めようとした。野外で新鮮な空気に触れる乗馬、競馬、テニス、ゴルフなどのイギリスのスポーツがフランスに輸入されるきっかけを作ったのも、また、ルーヴィルやドーヴィル、ビアリッツなどの海水浴場を流行の場所にしたのも、すべてナポレオン三世である。

ナポレオン三世は、ロンドンに居を定めてからは、壁にパリの地図を張り、ロンドンの都市計画を参考にして、一人、机上の都市改造に熱中した。彼の頭の中に描かれていたのは、古代ローマのような光り輝く永遠の都だったが、それは、たんに比喩的な意味合いではなく、文字どおり「光」の溢れる都市でなくてはならなかったのである。

ナポレオン三世が、一八四八年の二月革命の際、三十年ぶりでパリに戻ったとき、このフランスの都は、胸のむかつくような臭いと湿気が充満したスラム街としか感じられなかった。そこで、一八四八年の十二月に大統領に就任すると、当時、セーヌ県知事をつとめていたベルジェに早急にパリ大改造に着手するよう指示した。その目的について、彼は一八五〇年のパリ市庁舎での演説でこう述べている。

「パリはフランスの心臓であります。この偉大な都市を美化することに我々の全力を注ごうではありませんか。新しい通りを開き、空気と日光を欠いている人口密集地区を清潔な界隈に変え、健康な日の光がわれわれの建物の中のいたるところに入りこむようにしようではありませんか」(『ルイ・ナポレオン著作集』拙訳)

この演説のあと、ナポレオン三世は、一八五一年十二月二日のクー・デターで全権を掌握すると、予算をたてにしてパリ改造に反対するベルジェを更迭し、一八五三年の六月に、ジロンド県知事だったウージェーヌ・オスマンをセーヌ県知事に任命し、パリの全面的な大改造に着手させた。

このとき、ナポレオン三世が、どのような建物を可とし、どのような建物を不可としていたかを示すおもしろいエピソードがある。それは、オスマンが知事に就任して数日後にレ・アール（中央市場）の建築やり直しを命じられた事件である。

かねてより、建て替えが検討されていたレ・アールの建築が、コンペの結果、建築家のバルタールとカレにゆだねられたのは一八五一年のことだった。建物は一八五三年にほぼ完成したが、すべて石造りの要塞（フォール）のような重苦しい外観だったので、人々は、これをフォールのもうひとつの意味である「運搬人夫」にひっかけて、「フォール・ド・ラ・アール（市場人夫／市場要塞）」と呼んだ。

ナポレオン三世が理想としていたのは、演説にあるように、クリスタル・パレスのような「健康な日の光がわれわれの建物の中のいたるところに入りこむ」建物だったから、この新しいレ・アールはどうしても彼の気にいらなかった。というよりも、理想の一八〇度逆をいく建物だったのである。そこで、新しくセーヌ県知事に就任したばかりのオスマンを呼びつけて、なんと、二年の歳月をかけて完成した建物を解体し、建築を一からやり直すように命じた。そこで、建築家のバルタールはしかたなく、コンペの応募作品の中から、ナポレオン三世が理想とするロンドンのクリスタル・パレスに近い鉄骨建築のプランをいくつか選び、これを適当に合わせて、新しい数点のプランを作りだし、十二日後にオスマンに提出した。オスマンはその中でも、もっとも皇帝の好みにあいそうなものを採用した。これが、一八六六年に完成したレ・アールである。ゾラの『パリの胃袋』は、この新しいレ・アールを舞台に展開するドラマだが、ナポレオン三世のクー・デターのときに逮捕され、ギアナに流刑になっていた主人公が、見たこともないこのレ・アールのガラス建築に肝をつぶす場面がある。それほどに、ナポレオン三世の趣味は時代の美意識と掛け離れていたのである。

したがって、シャルル・ガルニエのオペラ座に代表される、豪華絢爛、重厚壮麗の第二帝政様式をナポレオン三世の個人的趣味の反映とするのは、かならずしも正しいことではない。同じように、第二帝政期の建築家たちがつくりだした、オスマン・タイプと呼ばれる、統一の取れた変化に乏しいファサードの建物、つまり、今日のパリの街並を形成している建築物も、ナポレオン三世の美意識に忠実なものではない。むしろ、これらは、突如出現した支配者の趣味を、伝統的な建築家たちが探り当てようと模索した結果生まれた、過剰防衛の産物といえるのではないだろうか。

ナポレオン三世が欲していたのは、一八六七年の第二回パリ万国博覧会の仮設パヴィリオンのような、なんの外壁の飾りもない、鉄骨とガラスだけからなる鋼鉄の都市だったのかもしれない。とにかく、このパリ万国博覧会の会場には、「光」と空気だけはふんだんにあふれていたのだから。

健康な「光」に満ちたパリ、印象派とデパートにインスピレーションを与えた明るいパリは、じつは、一人のリューマチ病みの男が皇帝の座についたことによって誕生したのである。

海辺のリゾートの誕生

風俗習慣が大きく変わるとき、美意識がイニシアティヴを取ってその変容をもたらすことは、思っているよりもはるかに少ない。新しいものに対しては、美意識というのは子供のように臆病だからだ。子供が親に手を引かれて恐る恐る新しい体験をするように、美意識も、自分以外の「価値」によって「怖くはないのよ、さあ、頑張ってね」と励まされながら新しい風俗習慣を試みる。

たとえば、清潔で健康的な美しい肌に対する美意識だ。今日では、水で洗われた肌理《きめ》こまかい肌のほうが、垢じみた肌よりも「美しい」ことはだれにでもわかる。なぜなら「美しい」からだ。だが、少なくともヨーロッパでは、二百五十年前まで、この当たり前のことがだれにもわからなかった。だれもそれを「美しい」とは感じていなかったからである。

同じことは、光り輝く太陽のもとに広がる大海原についてもいえる。紺碧の海、まぶしい太陽、そこに浮かぶ白いヨットの帆。これを「美しくない」という人はよほどの変わり者だろう。だが、十八世紀のフランスでは、海を「美しい」と賛美するには、かなりの勇気が要った。なぜなら、「海」は、むしろ底知れぬ恐怖を引き起こす対象であって、およそ美意識とは相いれないものだったからだ。

ところが、十八世紀の半ば、いまから二百五十年前に、突然のように感覚と美意識の大きな変容が起きる。清潔で香しい肌が賛美され、陽光に満ちた浜辺があこがれの対象となる。そして、今度は「海辺のリゾート」という、まったく新しい習慣行動が生まれる。

以上は、アラン・コルバンの『においの歴史』と、『浜辺の誕生』という二つの著作を私なりにまとめてみたものだが、ここで重要なのは、この海辺のリゾートという習慣行動の誕生を助けたのは、美意識ではないということだ。美意識は、あくまで臆病な「子供」であって、励ます役の「大人」ではない。美意識に、海辺のリゾートという習慣行動を試みるように勧めた「大人」は、意外にも、「健康」という名の「宗教」、あるいは「医学」という名の「脅迫」である。

変化が最初に起こったのは十八世紀半ばのイギリスである。新たに支配階級となったブルジョワジーにとって、なによりも心配だったのは自らの健康である。というのもブルジョワジーにとっての財産を築くための担保は健康以外にはなかったからだ。

では健康を守るにはどうすればいいのか。医者が処方してくれた養生法を守ることである。新しい時代の医者が処方した健康法とは、大きくわけて二つあった。一つは、「水治療」、もう一つは、「海辺への転地」である。どちらも、古いキリスト教の常識では、忌むべきこととされていた習慣行動である。

まず、「水治療」は、たんに肌を清潔に美しく保つばかりか、神経に興奮を与え、血液の循環を助けるから、皮膚病以外にも、心臓疾患、消化不良や便秘などにも効く。こうした水治療が最も効果的に行われるのは、「湯治場」での入浴である。

いっぽう、「海辺への転地」は、漁師に結核患者が少ないことからも明らかなように、都市の瘴気に汚染されていない「純粋な空気」を肺の中にたっぷりと吸い込むことができるという大きな利点をもっている。

もっとも、最初のうち、この二つの健康法はきっぱりと区別されていた。いくら「水治療」を勧める医者でも、それを「海水」で行えと命ずる勇気のあるものはいなかった。だが、後から「健康法の市場」に参入した医者たちは、より過激な処方でなければマーケットを開拓できない、ということを知っていたので、ついに思い切って、二つの健康法を総合した「海水浴」を処方することになる。かくして、海辺に滞在し「海水浴」を行うことこそが、すべての疾患を治癒するオールマイティーの健康法であるという主張が登場する。音頭を取ったのは、当時の先進国イギリスだった。

海岸保養を考えるうえでも、やはりイギリス人の創意工夫が鍵を握っている。浜辺リゾートの創出にあたっては、イギリス内陸部の「湯治場《スパー》」を背景にした温泉保養がモデルとして絶大な影響をおよぼした。いろいろな特徴から見て、ブライトンの海水浴場はバースの「湯治場」の変種ともいえる。どちらの場合でも遊びよりは治療という目的が優先されている。バースもブライトンも保養という流行現象からあいついで有利な波及効果を受けとった。
（コルバン『浜辺の誕生』福井和美訳　藤原書店）

こうして、健康法という強力な後押しを受けて、世界最初の海水浴場ブライトンが誕生するわけだが、しかし、ひとたびブライトンという海辺の保養地ができあがると、健康法というのはもはや口実のひとつにすぎなくなる。医者によって浜辺の保養を勧められた上流階級の人々は、そこで同じような理由でやってきた同じ階層の人々と出会い、首都ロンドンよりも緊密な社交生活を始める。

ブライトンでの気晴らしや一日の生活リズムは、バースやタンブリッジ＝ウェルズに通いなれているひとにはすでにおなじみのものだ。内陸の保養地とおなじく、海辺の保養地にも、水浴施設や本屋兼読書室が数々ととのっている。（中略）海のほとりともなれば、加えて小舟を使った水上遊覧もあるし、なによりもヨットセーリングがある。ヨットセーリングは海辺の保養地が流行に乗るのと軌を一にしてブームを呼ぶ。舞踏会場、談話サロン、遊戯室に出掛ければ、すてきな晩を過ごすことができる。（中略）一七八三年、「ダウンズ」での競馬の草分けレースがくりかえし開催される。一七九三年、この保養地初の公園グローヴに遊歩道《プロムナード》がおめみえする。（中略）

「病弱者」とかかりつけの医者が合流し、作家、芸術家、社交界の寵児が一堂に会する。
（コルバン　同書）

海辺のリゾートに関するかぎり、この時点で、すべてが出揃っているかに見える。だが実際には、イギリスの海辺のリゾートには決定的なものが欠けていた。それは、海辺のリゾートの誕生に伴う「美意識の変容」である。これだけは、海辺のリゾートというものがフランスに誕生しないうちは、表面だって現われてこないようだ。

フランスに「海辺のリゾート」が誕生したのは、思っているよりもはるかに遅れた。というのも、大革命からナポレオン帝政へと続いた反イギリス政策のおかげで、ドーヴァー海峡を渡るイギリス人の数は極めて限られていたからだ。

変化が現われたのは一八一五年の王政復古でイギリスに亡命していた王族・貴族たちが続々と帰国し、イギリスで覚えた新しい習慣行動をフランスに持ち込んでからのことである。

最初に「海辺のリゾート」が生まれたのは、ブライトンと定期航路で結ばれていたディエップである。ディエップには、回廊式の豪華なリゾート・ホテルが作られた。イギリスのブライトンに慣れた王族や貴族のリゾート客を満足させるためである。

だが不思議なことに、このディエップの海水浴場は、いまひとつブームにならなかった。ベリー公夫人をはじめとする上流人士がたくさん集まって夏の社交界を作り出しているのだから、ブルジョワのスノッブがこれに飛びついてもよさそうなのに、王政復古の間ディエップは一部のアングロマニア（イギリスかぶれ）の好む避暑地にとどまっていた。

なぜか？「海辺のリゾート」というもののイマジネールを現実化するだけの社会的な基盤が整備されていなかったからである。すなわち、当時はまだ、鉄道が開通せず、また海辺の町への乗合馬車の便もごくわずかだったので、いかにスノッブといえども、これだけの距離を走破してまで、流行を追う気にはなれなかったのである。だが、一八四二年に鉄道がルーアンまで開通し、一八六三年にトゥルーヴィルへの直通列車が設けられると、ようやくこの問題もクリアーされる。

こうして、風俗習慣の歴史の表舞台に、「リゾート地の女王、トゥルーヴィル」が登場してくる。

王政復古期には人口一四六五人の一漁村にすぎなかったトゥルーヴィルが、パリジャンのイマジネールの中に入ってくるようになったのは、一八三一年にアレクサンドル・デュマが発表した紀行文からである。シャルル・モザンの描いた海岸風景に魅せられたデュマは、この村の旅館に滞在し、おいしい海産物をたらふく平らげながら丸裸でだれもいない海に浸かって、その楽しさを逐一報告した。この話に刺激されて、他の作家や画家たちが次々にトゥルーヴィルを訪れた。

このようにトゥルーヴィルはまず、言説とキャンバスによって「海辺のリゾート」の枠組みの中に入ってきたのである。

だが、こうした芸術的な喚起力だけでは、イマジネールが大きく膨らむには不十分である。イマジネールが肥大化するには、それが人々の原初的体験、つまり子供時代の幸福の記憶と結びつかなければならない。その記憶は、トゥルーヴィルに家族連れで遊びにきたブルジョワの一家の中から生まれた。

一八三六年の夏、一家でトゥルーヴィルに避暑にやってきた十五歳のギュスターヴ・フロベールは、一生を決定づけるような出会いを経験する。ある日、浜辺に置き去りになった赤いマントが波にさらわれそうになったのを見たギュスターヴ少年が、それを拾って、波のこない場所に置いてやったところ、翌日ホテルの食堂で、若い婦人が彼にお礼をいいにきた。

彼女はぼくを見つめた。ぼくは目を伏せて、赤くなってしまった。まったくなんという眼差しだろう！　このひとは、なんて美しい女性だろう。（中略）毎朝、ぼくは彼女が水にはいるのを見にいった。水のなかの彼女を遠くから眺めては、やわらかなしずかな波をうらやましがったものだ。波は彼女の脇腹にあたり、息ではずむその胸を泡でつつんでいた。身にまとう衣服が濡れて、その下の手足の輪郭が見えたり、心臓が鼓動し胸がふくらむのが見えたりした。(中略) ぼくは恋していた。(『狂人の手記』飯島則雄訳)

フロベールがトゥルーヴィルの浜辺で運命的な出会いをしたこのシュレザンジエ夫人は、のちに『感情教育』のアルヌー夫人として結晶する。

避暑にやってきたブルジョワの一家の息子や娘がそこで初恋をして、人生への一歩を踏み出すというこうしたロマン派的な「避暑地の出来事」は、おそらく同時代の多くの人間の共通の体験となっていたにちがいない。なぜなら、この頃から、上層ブルジョワジーの間でヴァカンスに「避暑に出かける」習慣が急速に広がり、子供たちも日常とはまったく異なる時間を生きることが可能となったからである。

その結果、「リゾート地の女王」であるトゥルーヴィルは、こうした少年少女の原初的な記憶を拾いあつめて、ほかのどこにも見いだしえないような特権的空間へと変貌をとげる。そして、そのイマジネールが、鉄道の登場によってより広い社会層へと拡大し、世代的にも何代かにわたって繰り返され、同時に言説や絵画的イメージ(とりわけ多色刷りのポスター)によって反復されていくうちに、現実のトゥルーヴィルも大きく成長する。

まず「オテル・デ・ロッシュ・ノワール(黒い岩のホテル)」という名の大ホテルが建設され、ついで大貴族・大ブルジョワの豪華な別荘が次々に建てられる。海岸線に沿って遊歩道の堤防が築かれて、名士たちの出会いの場ができあがる。ブライトンにあったような遊興施設に加えてカジノが設けられ、避暑地の社交界の中心となる。

劇場には、パリのスターたちが巡業しにやってきて、夕べにはパリからオーケストラが駆けつけて音楽会が開かれる。

貴族やブルジョワたちによる慈善の昼食会や晩餐会が催され、舞踏会が無聊《ぶりょう》を救う。

パリではいっこうに盛んにならないスポーツもトゥルーヴィルでは、例外的に発達を見る。一八六七年に、「フランス・ヨット・クラブ」が創設され、一八九一年には、あのフランス・カップの第一回大会がこの地で開催された。

競馬大会も最初はトゥルーヴィルの浜辺で行われたが、一八七六年に立派な競馬場が隣町のドーヴィルに完成したため、競馬は以後ドーヴィルが中心となる（これと、一九一二年に巨大なカジノがドーヴィルにできたことは、のちにトゥルーヴィルが衰退する原因を作る）。

これに対して、自転車競技はトゥルーヴィルに競輪場があったこともあってトゥルーヴィルが中心となり、一八九三年には「パリ―トゥルーヴィル」の長距離レースが開催される。

自動車も金持ちの道楽としてトゥルーヴィルに真っ先にお目見えしたが、興味深いのは、一八九九年に『ル・ジュルナル』という日刊紙が主催した「手段無制限の百七十キロ・レ

世紀末風俗の流行のひとつに、自転車に乗る女があった。ダンロップの空気タイヤの発明で乗り心地の増した自転車に乗る女はニッカーボッカーを愛用し、体を動かすことの楽しさを見いだす。この傾向はやがてコルセットの放棄へと行き着く。(『フィガロ・イリュストレ』より)

ース」である。つまり、自動車でも自転車でも馬車でも自分の足でもなんでもいいから、百七十キロを先に走り抜けたほうが勝ちという、この時代でないと考えられない不思議なレースである。このレースの一着は意外なことに時速十六キロの馬車、二位が騎馬で、三位がモーターバイク、自動車はようやく四位に入ったにすぎなかった。まだ自動車は馬車よりも遅かったのである。

このほか、イギリスかぶれのスノッブたちがゴルフやテニスなどの新しいスポーツに熱をあげ、テニス・コートやゴルフの練習場が作られた。

だが、トゥルーヴィルをトゥルーヴィルたらしめたのは、じつはこうした避暑地特有の遊興施設ではなかった。トゥルーヴィルでもっとも集客力をもっていたもの、それは「人間」だった。つまり、住人のほとんどが貴族と上層ブルジョワジーで占められるトゥルーヴィルにあっては、社交界の花形や有名人に「接近遭遇」する確率が、パリにおけるよりもはるかに高かったので、それを目当てにここを訪れる人たちが多かったのである。

もちろんパリでも、ブローニュの森の「アカシアの散歩道」に行けば、社交界の紳士・淑女に出会うことは可能だった。だが、その「出会い」はあくまで「見物」にすぎず、彼らと本当に知り合うには、サロンに出入りを許されるのを待つほかなかった。

これに対し、トゥルーヴィルの遊歩道やカジノ、競馬場などでは、社交界の著名人《セレブリテ》と出会って親しくなることははるかに容易だった。避暑地のフランクな雰囲気と、夏服の軽装が、人と人との垣根をパリよりも低くしていた。とりわけ、遊歩道では、毎日、同じ人に出会う機会がブローニュなどよりもずっと多かったので、親密さの度合いが深まるチャンスもそれに応じて増えた。それに、パリではサロンとサロンはまったく別の国のように対立し、片方に足を踏み入れたら、もう片方には出入り禁止ということもあったが、トゥルーヴィルではサロン同士の対立も一時的に棚上げされていたので、新参者にとってはその分、著名人に紹介してもらう機会が多くなった。

もっとも、こうした形で社交界の著名人《セレブリテ》と知り合いになろうと汲々とするのは、若き日のプルーストのような有名人病のスノッブだけで、あとの人々は、遊歩道を前にしたホテルのテラスに座って、貴婦人やダンディーたちが思い思いの服装で通りすぎていくのを眺めるだけで満足していた。トゥルーヴィルでは、劇場で上演されている気の抜けたような芝居よりも、「トゥ・パリ」と呼ばれる社交界のオール・スターが遊歩道で繰り広げる豪華な「実演」のほうがはるかに楽しかったからである。

「実演」といえば、これを演じている社交界のオール・スターのほうでも、自分たちが「観客」から見られていることを十分に意識していた。なぜかというと、十九世紀のパリではなまじの俳優などよりも社交界の花形のほうがはるかに有名人だったから、一歩家を出れば、「人に見せるための外貌」をまとわざるをえなかったからだ。彼らにとって、パりよりも「見られる」機会の多いトゥルーヴィルは、素顔をさらけだすことのできる場所どころか、もっとも高度な演技が要求される劇場空間だったのである。

そのため、セレブリテたちは、パリにいるときよりも衣装に気を遣わざるをえなくなった。トゥルーヴィルの遊歩道はファッションショーの花道に等しい役割を果たしていたのである。リゾート・ファッションというものも、こうした「見る・見られる」の関係から生まれてきたと考えることができるかもしれない。

このように、トゥルーヴィルの遊歩道が劇場的な要素を強めてくると、初めからそこをそうしたものとして利用しようと考える人たちが現われてくるのはある意味で当然である。すなわち、人から「見られる」ことを商売としている集団、いわゆる「ドゥミ・モンド(半社交界)」に属する高級娼婦(ドゥミ・モンデンヌ)たちが、トゥルーヴィルの遊歩道にも姿を現わすようになる。このドゥミ・モンドには、半ば女優半ば娼婦のような女たちもいて、テラスに腰かけたパトロンや劇場関係者たちを意識しながら、優美な、あるいは挑発的な姿を披露して自分をセリにかけることもあった。トゥルーヴィルの遊歩道は、さながらカンヌ映画祭のときの海岸のような観を呈していたのである。

これをひとことでいってしまえば避暑地としてのトゥルーヴィルの俗化が始まったということにほかならない。そこは、現実には、もはや純粋な少年少女の初恋を育む環境ではなくなっていた。

だが、それにもかかわらず、ひとたび少年少女たちの初恋を糧として成長した「海辺のリゾート」のイマジネールは、原初的幸福の記憶（あるいは擬似的記憶）を失うことはなかった。どんなに俗化がすすんでも、その核となったイメージは傷つくことはない。なぜなら、イマジネールとは、現実よりもはるかに強烈に、しかも長期間にわたって人の心を支配するものだからである。永遠のアマチュア写真家ラルティーグが撮ったトゥルーヴィルの「家族の肖像」は、こうしたイマジネールの作用が一九二〇年代にも引き続いて影響を及ぼしていたことを雄弁に語っている。人はたとえ現実のトゥルーヴィルに裏切られても、だからといって、そのイマジネールを放棄するわけではないのである。

第二帝政が終わり、第三共和制が始まっても、トゥルーヴィルは、パリジャンの幻想の中では「幸福」のシンボルであり続けた。そして、一八七〇年代に、新しい世代の芸術家たちが登場し、汽車に乗って気軽にトゥルーヴィルに足を運ぶようになると、「海辺のリゾート」のイマジネールは、彼らを介してある種の美意識と結びつくようになる。すなわち、紺碧の海と、まぶしい光と、真っ白な夏服に身をつつんだ女性を、たとえようもなく「美しい」と感じる美意識である。

ここにおいて、医者の脅迫的な言説から生まれ、イギリスのブライトンの浜辺で「海辺のリゾート」へと変身した海水浴は、フランスのトゥルーヴィルの浜辺にたどり着いて、そこで幾世代かの幸福の観念と結ばれたのち、百年の歳月を隔てて、ひとつの芸術の流派を生み出すに至ったのである。もちろん、その美意識に貫かれた芸術の流派とは、ジャンルの枠を超えた広い意味での「印象派」にほかならない。それは、真っ青な海を背景にしたまばゆい光の中へ、見知らぬ少女が突然姿を現わしたとき、思わず「時間よ止まれ、そなたは美しい」と叫ぶ美意識にその基礎をおいている。次のプルーストのあまりにも有名な一節は、彼もまた、印象派と「海辺のイマジネール」を共有していることを示している。

そのとき、まだほとんど堤防の突端あたりに五、六人の少女がかたまって、まるで一つの奇妙な斑点を移動させるようにこちらに進んでくるのが見えた。その姿といい、動作や態度といい、彼女らはバルベックでよく見かけるどんな人たちとも異なっていて、まるでどこからやって来たのか一群のカモメがゆっくりと浜辺を散歩しているような風情であり、その散歩の目的は、彼女らが目もくれないように見えるほかの海水浴客にとってこそあいまいだが、彼女ら鳥の心にははっきりと定められているように思われた。

これらの見知らぬ少女たちの一人は、手で自転車を押していた。他の二人は、ゴルフの「クラブ」を持っていた。そして彼女たちの身なりは、バルベックにいるほかの少女たちのとはかけ離れているのだった。（プルースト『失われた時を求めて』鈴木道彦訳）

バルベック（トゥルーヴィルとカブールの合成）の遊歩道の堤防の上を「光を発する一

個の彗星のように」移動してくる少女たちを驚きの目で見つめるプルーストの美意識は、明らかに、「海辺のリゾート」のイマジネールが百年かかって生み出した印象派の美学に属している。これは、海辺の光の中の少女たちに美を感じなかった旧来の美学からみれば、明らかに新しい世代の美学だった。だが、いっぽうで、その新しさ自体が、ひとつの大きな限界のうちにあったという事実も否定することはできない。いいかえれば、「原初的な幸福」を核とする十九世紀の「海辺のリゾート」のイマジネールに囚われているということである。

これに対し、プルーストによって見つめられた少女たち自身はといえば、これらは、こうしたイマジネールや美学とはまったく無縁の存在、ほとんど「カモメ」に近い存在だった。なぜなら、彼女たちは、一世紀にわたって蓄積されたロマン派的な幸福の記憶をいささかも共有していない、さらに新しい階級、新しい世代に属していたからである。

彼女らの属している階級、それがどういうものかを明確にしようとしてもわたしにはできなかったであろうが、その階級がある発展段階に達していて、その段階では金持ちになって時間の余裕ができたせいか、それとも庶民階級の一部にさえ広まったスポーツと体育の新たな習慣のせいか、——ただし、まだ知育の訓練はこれに付け加えられていなかった。あたかも調和のとれた多産な彫刻の流派、とはいえまだ苦悩の表現だけは探求していない流派のように、社会のある環境が自然かつ大量に美しい肉体を生み出しており、その肉体は美しい脚、美しい腰、健康で落ち着いた顔を備え、きびきびしていてどこかずるそうな様子をたたえているのかもしれない。こうして私が今、ギリシャの岸辺で太陽に照らされている彫刻のように、海を背景にして見ているものは、気高くまた穏やかな人間美の典型ではなかろうか。　　　　　　　　（プルースト　同書）

プルーストが、ギリシャ彫刻を見るように賛嘆していた少女たちの伸び伸びしたしなやかな肉体、それはたんに、「スポーツをする少女」の肉体などではなかった。それは、海辺のリゾートがあらたに生み出した「二十世紀という時代」の「肉体」だった。海辺のリゾートは、イギリスのブライトンからトゥルーヴィルにたどりつくことで、印象派の美学を育み、ついでに二十世紀も生んだのである。

第6章　買う

万博と消費願望

パリ万博というものが描かれている文学作品は、思っているよりもはるかに少ない。世紀末からベル・エポックにかけての「万博の時代」を舞台にしたプルーストの大長編『失われた時を求めて』には、ところどころで、一八八九年と一九〇〇年のパリ万博への言及はあるものの、万博そのものが小説のストーリーに組み込まれているわけではない。あくまで、話のついでに万博のことが出てくるだけである。

フロベールの『ブヴァールとペキュシェ』の、ついに書かれることのなかった第二部の草稿のなかには、二人が一八六七年のパリ万博を見学して、科学の進歩に驚き、人類の未来に思いを馳せるという箇所があるが、これはあくまで草稿にすぎず、実際に作品のなかで万博が描かれたわけではない。モーパッサンやゾラも、あれだけパリのことを語りながら、万博を正面きって扱ったことはほとんどない。つまり、十九世紀の文学者は、その反進歩、反科学の立場から、万博というものをほとんど作品に登場させていないのである。したがって、十九世紀のパリの民衆が、ほぼ十一年おきに五回開かれたパリ万博に対して、どのような生活感情を抱いていたのかは、十九世紀の文学からは推測するすべがない。

ところが、二十世紀も三〇年代になると、万博というものがすでにノスタルジーの対象になっていたのか、文学作品のなかに、パリ庶民の直截的な感情を伴った万博の思い出が現われてくる。ルイ・フェルディナン・セリーヌの『なしくずしの死』はその典型で、万博というものを十一年ごとに開かれる壮大な祭として、楽しい夢を見せてくれるドリーム・ワールドとして、徹底的に楽しんでやろうとするパリ民衆の心情が猥雑な語り口によって巧みにすくい取られている。

語り手のフェルディナンの一家は、パリのパサージュ・ショワズールで骨董屋を営んでいる。祖母は、前回の一八八九年の万博は小売商には害しかもたらさなかったと万博を激しく嫌悪しているが、祖母と折り合いの悪い父は、一人でこっそりと一九〇〇年万博に出かけ、それにすっかり魅了されて帰ってくる。

みんなが驚いたことには、父はこの体験に有頂天になった。……《おとぎの国》を見に行った子どものように、大喜びで満足して……会場内にいる一時間足らずのあいだに、父はあらゆるものを見、見学し、理解し、黒蛇館から《機械館》まで、そして《北極》から《食人種》までなにもかも精通していた。（瀧田文彦訳　集英社）

父親の興奮は当然、家族にも伝わった。ある日、叔父から無料入場券を手に入れたフェルディナンの一家は勇んで万博見物に出かける。

コンコルド広場では、私たちは文字通りポンプのように人波に包まれて中に吸い込まれた。茫然としているうちに《機械館》に着いていたが、それは天空まで小さなガラスの板でできた透明な大聖堂の真ん中に宙づりになった、度肝を抜かれるような光景だった。……蒸気が四方八方の縁から噴出し、吹き上がっていた。家三軒ほどの高さがある巨大な鍋、地獄の底からどっと私たちめがけて襲いかかってくるきらきら輝く連接棒……とうといたたまれなくなり、怖くなって、外に出た……《大観覧車》の前を通った……だが、セーヌの河岸のほうがまだましだった。

アンヴァリッド広場には、シュークリームやチョコレート・パフェを思わせるようなネオ・ロココ風のごてごてしたパヴィリオンが立ち並び、真っ昼間だというのに何百万という小型電球のイリュミネーションが灯って、おとぎの国にでもいるような雰囲気を醸し出していた。日曜日なので、ものすごい人込みで、ただ押されるままに一家は行列を進んでゆく。

とうとう私たちは《北極》にたどりついた。ものすごく愛想のいい探検家がいて、仕掛けのこともいろいろ説明してくれたが、打ち明け話のように小声で、毛皮にすっぽり身をくるんでいるものだから、ほとんどなんにも聞こえなかった。父が代わりに教えてくれた。すると、あざらしどもが食事に現れた。ものすごく大声で吼えるので、他のものはみんな吹っ飛んでしまった。私たちはまた逃げ出した。

こうして、会場のなかを押し合いへし合いして歩いていれば、当然のように、喉が渇き、腹が減る。そこで一家は、無料で飲み物を提供してくれるパヴィリオンに入るが、そこもすごい混雑である。

巨大な《飲物の宮殿》では、一列になってはるか遠くから、動く小さなカウンターにずらりと並んだすてきな無料のオレンジエードを眺めた……オレンジエードと私たちのあいだときたらまるで暴動だった……カップまでたどり着こうとして大騒ぎする群衆。喉の渇きは無慈悲なものだ。もし危険を冒して飛び込んでたら、私たちは跡形も残らなくなっていただろう。私たちは別の戸口から逃げだした。

このあと、フェルディナンの一家は、熱帯の植民地から「見世物」としてつれてこられた原住民の日常生活を、動物園の動物でも眺めるようにして眺めてから、興奮と疲労でげっそりとして帰路につく。

セリーヌ描くこのフェルディナン一家の一九〇〇年万博見物記は、当時の民衆が万博に期待したイメージと、そして、実際に会場で体験したこととの落差をよく伝えている。すなわち、民衆は、何か正体のつかめぬ興奮に駆り立てられるようにして、「未来の国」を連想させる巨大なテクノロジー、「おとぎの国」の城のような装飾過剰のパヴィリオン、帝国主義の時代を反映する「探検と冒険の国」などを経巡り、人また人の大混雑にもみくちゃにされて、疲労困憊して家路についたのである。

これらは、今日、われわれがディズニーランドや各種テーマ・パークを訪れるときの印象と寸分たがわない。言い換えれば、民衆が、家族で休日にテーマ・パークに出かけて一日を過ごすという余暇の習慣行動は、すでに、この一九〇〇年万博のときに、完全にそのプロトタイプが確立されていたのである。そこには、第二帝政（一八五二年—七〇年）の万博にあった、万博は民衆が自らの教養を高めるための学習と教育の場であるという理念は、いささかも見当たらない。あるのはただ、日常とはかけ離れた、夢のようなとてつもない体験をしてみたいという民衆の「物見遊山」の気持と、たとえ実際の体験が期待していたのとは違っていても、それでも非日常の夢を見続けようとする涙ぐましい心情だけである。もっとも、この民衆の反応は、初期の万博からすでに存在していたものである。べンヤミンはつとにこの点を指摘している。

博覧会がくりひろげる目もあやな幻像に取り囲まれて、人間はただ気晴らしをしか望まない。

（『パリ十九世紀の首都』川村二郎訳　晶文社）

もちろんこの現象は、万博の主催者が、入場者確保という至上命令のために、教育的・学習的配慮を全面に出すことを避け、アミューズメントの要素を強く打ち出したために生まれたと見ることもできる。いや、より正確には、民衆と万博の主催者の双方が相手の欲望をくみ取ったがために、一九〇〇年のような万博の形式が生まれ、万博とは科学的な教育を装ったアミューズメントだという今日的な認識が生まれてきたと言ったほうがいい。

だが、万博が科学教育、進歩思想の学習の場でなくなって、単なるアミューズメント・パークに堕してしまった以上、万博はすでにその社会的な役割を終えていたと言えるかといえば、必ずしもそうは言い切れないところに歴史のおもしろさがある。すなわち、万博は、一九〇〇年の時点ですでに、民衆に非日常的な世界を垣間見させるための物見遊山の一つとしかとらえられなくなっていたとはいえ、まさにそうしたものとして、ある種の新しい社会的役割を演じていたのである。ロザリンド・H・ウィリアムズは『夢の消費革命――パリ万博と大衆消費の興隆』（原題 Dream Worlds ― Mass Consumption in

Latenineteenth Century France）のなかで、この点について次のように指摘している。

何十年かのあいだに、これらの博覧会の主張は変化した。つまり見物客に近代科学やテクノロジーの驚異を教えこむことから、次第に客を楽しませる方へと力点が移っていったのである。一八八九年には、エッフェル塔と機械ギャラリーは真面目な教育的意図にもかかわらず、何よりもスリリングな眺望を与えたことで人気を博したのだった。（中略）一九〇〇年の万博では、消費の感覚的な喜びが、知識の進歩を眺めるという抽象的で知的な喜びにはっきりと打ち勝った。（中略）この混乱ぶりにもかかわらず、あるいはむしろこの混乱ゆえに、思慮深い観察者たちは、一九〇〇年の万博がとりわけ予言的なものであること、それが出現しつつあるフランスの小宇宙であり、未来のパリの縮尺模型であること、過去と決定的に決裂し二〇世紀の社会を予告する、何かしら豊かで不思議なことが起こっているのだということを感じた。（吉田典子・田村真理訳　工作舎）

では、ウィリアムズの言う「何かしら豊かで不思議なこと」とは何なのか？　それは、万博という非日常的な空間で、民衆が暮らしている日常とは次元の違うドリーム・ワールドを夢見させるために、すべてのパヴィリオンや展示品が奉仕するようになってきたことである。つまり、万博に展示された商品や、それを収めているパヴィリオンは、そこを訪れた民衆に、あなたはいま、何一つおもしろいことのないくすんだ生活を送っていますが、実は、未来の世界には、あなたの日常とは異なった夢のような生活というものが存在していて、あなたも、ある条件を満たせば、そのドリーム・ワールドに入ることは可能なのですよと教えるようになったのである。

それではいったい、このドリーム・ワールドに入るための条件とはどのようなものなのか？　ドリーム・ワールドを形づくるであろうような「商品」を「買う」こと、すなわち消費である。ウィリアムズは続けて言う。

一九〇〇年の万博は、消費革命の縮尺模型を与えてくれる。社会のなかに徐々に広がってきていた文化の変化が、そこでは具体的で濃縮された形で、姿を現しているのである。変化のひとつは、商取引に絶対的な重点が置かれたことである。そして少なくともタルメールのような観察者にとって、さらに衝撃的で当惑の種となったのは、この商取引が消費者のファンタジーに訴えることによって行われるようになったという変化である。……近代社会を理解する上で大きな意味を持っているのは、いかに商品が想像力のニーズを満たすことができるかということである。『消費者のドリーム・ワールド』という表現は、この物質的次元に関与している。

人間は、もともと夢見る存在だった。そして、はるか昔から、あらゆる欲望を満たしてくれるユートピアというものを夢想してきた。しかし、たいていの場合、そのユートピアの夢を与えるのは宗教や芸術の役割だった。ところが、一九〇〇年の万博に至って、そのドリーム・ワールドの鍵は、宗教家から、商人の手に握られるようになったのである。フェルディナンの一家が一九〇〇年の万博で見たものは、実は、《機械館》や《北極》や《飲物の宮殿》そのものではなく、それを超えたところに存在していた商業的ドリーム・ワールドだったのであり、フェルディナン一家はそのドリーム・ワールドを垣間見たことに「興奮」して、家路についたのである。

しかしながら、ウィリアムズの言うように、民衆のイメージするドリーム・ワールドと消費という行為がはっきりと結びついたのは一九〇〇年の万博が最初だったとしても、消費という行為、つまり商品を買うということが、こうしたイマジネールな要素をもつようになったのは、これよりも一世紀ほどさかのぼる一七九八年のことではないかと思われる。博覧会と名のつくものの最初である、フランス第一回内国博覧会（exposition）がこの年にパリのシャン・ド・マルスで開催され、そのときを境に、商品というものの性質が一変したからである。

フランス語の exposition という言葉が、絵の展覧会ではなく、商品の展示品評会の意味で使われたのは、一七九八年九月に陸軍の練兵場であるシャン・ド・マルスで開かれた第一回の内国博覧会が最初である。

このとき、総裁政府の内務大臣を務めていたフランソワ・ド・ヌシャトーは、革命戦争の混乱で疲弊していたフランスの商工業を育成するために、全国民が発明した実用新案を持ち寄って一カ所に展示して、民衆にその便利さやすばらしさを教える商品コンクールを開催しようと考えた。つまり、この第一回の博覧会から、「商品」が「展示」され、「民衆」がそれを「見る」という四つの要素が分かちがたく結びついていた。では、この四つの要素が出会ったとき、そこにはどんな現象が生まれたのだろうか?

exposer という動詞は、もともと「置く」という意味の poser に、「外に」という意味の接頭語 ex が加わった言葉で、「外に置く→人に見せる→展示する」という形で意味を広げていったものである。これは、実は十八世紀末から十九世紀初頭にかけて起こった商業形態の変化を見事に反映している。

このころまで、「良賈は深く蔵す」とばかりに、本当に良い品物は店の奥深くにしまって、けっして一見の客には披露せず、客の希望する商品だけを薄暗い店の奥で見せて、そこで値段のやり取りをする商いの方法が一般的だった。しかも、客は、いったん商品を見せてもらったら、買わないで帰ることは許されなかった。わかりやすく言えば、一般庶民にとって、商品を買うという行為は、歯医者で虫歯を治療してもらうようなもので、絶対的な必要が生まれないかぎり、自ら進んで行いたいと思うようなものではなかったのである。

ところが、大革命で社会の秩序が混乱したあと、ようやく商工業が復興の兆しを見せはじめる頃になると、これまでには見られなかったような新しい商業形態に挑戦するものが現われた。バルザックは『セザール・ピロトー』の冒頭で、主人公ピロトーの妻となるコンスタンス・ピルローの勤めていた小間物屋「プチ・マトロ」の店をこんなふうに描いている。

この店は、しばらく前からパリに現れはじめたこうした店、すなわち彩色した看板、風にひるがえる旗、肩掛をブランコのように張りわたした陳列窓、カルタの城のように並べたネクタイ、そのほかのいろんな目をひくような多くの品物、正札、飾紐、ポスターなど、飾窓が商業的な詩となるまでに完全な域に達せしめられた視覚の幻影と効果、そういうものをもった店の先駆者だった。
(新庄嘉章訳　東京創元社)

ひとことで言えば、ようやく、世紀の変わり目の頃から、商品が店の奥からショーウィンドーへと出てきて、その性質を変えつつあったのである。

フランソワ・ド・ヌシャトーの組織した内国博覧会、すなわち exposition は、まさに、商品を「中に隠す」ことから、商品を「外に置く」ことへの商業的転換を、言葉そのものによって準備したものということができた。商品は、これ以後、「展示」されなければ、その価値を発揮しえないものへと変化を遂げたのである。

しかしながら、いくら商品が店の奥からショーウィンドーへ出てきたとしても、それに新しい価値を与える人間というものがなければ、消費の革命というものは起こらなかったにちがいない。では、それはいかなる種類の人間たちだったのだろうか。同じくバルザックがそうした人々を『幻滅』のなかで描いている。

一七八九年の革命から一八三〇年の革命までのあいだ、このパレ・ロワイヤルではさかんな商取引が行われた。（中略）政治や金融の出来事と同様、世論や名声もここでつくられ、消されていった。株式取引の前後にはここの回廊で会合をした。パリの銀行界、商業界の人たちがパレ・ロワイヤルの中庭に大ぜいあつまったり、雨のときはこれらの小屋の屋根をもとめてながれこんでくるのだった。（中略）ここにあるものといえば、本屋と詩、政治、散文、流行品を売る雑貨屋、そしてもっぱら夜だけあらわれる売笑婦たちだけである。そこには、ゴシップと書物、新旧の名声、政治上の陰謀と出版界の虚偽などが花と咲いていた。またそこでは最新流行のものが売られ、大衆はどうしてもここでしか買おうとしなかった。

（生島遼一訳　東京創元社）

この描写は、一七八四年に王族のオルレアン公が居城を改造してつくった回廊付の商店街パレ・ロワイヤルに集まってくる人々を扱ったものであるが、ここに集まってくる人々としてバルザックが挙げているのは、パリの政界、金融界、商業界に属するいわゆるブルジョワジー、それに本屋に立ち読みにやってくる文学者やジャーナリストや学生、さらに流行品店のショーウィンドーをのぞく若い女性たち、それに、男たちを狙う売春婦たち、要するに、きっちりと階級を分けられない雑多な群衆、これという特定の顔をもたない匿名の人の群れ、ひとことで言えば近代的な大衆というものである。商品を表に「展示」したショーウィンドーを眺めに集まってきたのは、まさにこうした近代的な匿名の群衆であった。彼らにとっては、「外」に「置かれた」「商品」を「見る」という行為自体が、ひとつの新しい娯楽であり、喜びだった。なぜなら、「商品」というものは、それまでは「見られない」ものだったからである。彼らは、ショーウィンドーに初めて「展示」された商品というものを、あたかもルーヴル美術館に「展示」されたモナ・リザを見るのと同じ視線で眺めたにちがいない。つまり、商品を、それが何の役に立つのかという「使用価値」においてでなく、それを所有することが喜びとなるような「交換価値」において眺めたのである。

いっぽう、商品のほうも、展示されたことによって、その性質を変えていくことになる。それまでは人間の行為に役立ちさえすればよかったものが、たとえば、衣服なら寒さを防ぎ、裸体を覆って、かつ階級的な識別の道具となればよかったのが、ショーウィンドーのなかで見られるようになってからというもの、「よりよく見られる」ように工夫せざるをえなくなる。言い換えれば、使用価値とは関係のない部分で、己の価値、「交換価値」を高めていく必要が生まれたのである。

一七九八年に開催された第一回フランス内国博覧会は、その exposition という言葉によって、この「商品」と「見られること」との関係を、ひとつの制度に仕立て上げたと言うことができる。そこでは、商品は、あらかじめ不特定多数の人々の視線にさらされることを予想して出品される。価値を決めるのは、使用されることによってではなく、「見られる」ことによってである。しかも、展示される商品の間で優劣が決められ、金銀銅のメダルが授与されるのであるから、商品相互が切磋琢磨して、競争しなければならない。そして、ひとたび金メダルや銀メダルを与えられた商品には、使用価値をはるかに超えた交換価値、すなわち、ブランド価値というものが生まれる。

万国博覧会は、商品の交換価値を神聖化する。それが設けた枠の中では、商品の使用価値は背景に退いてしまう。

（ベンヤミン　前掲書）

この博覧会がそのまま、商品の展示から商品の販売まで行う「装置」へと移行したものが、ほかならぬデパートである。デパートでは、商品の売れ行きは、それがどれほど人々の視線にさらされたかによって、つまりディスプレイによって決まる。デパートに足を運んだ人々は、見事にディスプレイされた商品のうちに、その商品の価値以上のものを見いだし、その商品を身につけることで、自分のステイタスがワンランク上がったような錯覚をもつ。こうした人々が一人ではなく何人かいて、さらに、そうした人々に憧れを抱いて模倣しようとする人々が同じく存在するなら、その商品は、商品の実態とは異なった幻影を獲得するようになる。これが、ベンヤミンの言う商品のアウラ、交換価値である。

しかしながら、商品がこうしたアウラの段階にとどまっていたら、消費は先に述べたようなドリーム・ワールドとの結びつきにまでは至らなかったかもしれない。言い換えれば、万博の何の飾り気もない会場や、デパートのガランとした空間に商品が置かれていたのでは、いくら商品がアウラを放っても、人々はそれをドリーム・ワールドと結びつけて考えることはなかったにちがいない。人が一つの商品を買って、そのアウラを介してドリーム・ワールドを垣間見るには、それが置かれている場所そのものもまた大いに関係してくるのだ。

では、商品とそれが置かれている場所との関係が決定的に変化したのは、いつのことだろう。少なくとも、博覧会が内国博覧会にとどまっていた段階においては、つまり、一八四九年以前には、商品がドリーム・ワールドと結びつくことはない。

ドリーム・ワールドが商品の彼方に見えはじめるのは、やはり、博覧会が万国博覧会と名を変えた、一八五一年のロンドン万国博覧会からである。このとき、はじめて登場したガラスと鉄のクリスタル・パレスは、その独特の天上性によって、商品を超えた向こうに、人類が志向すべき夢の国があることを暗示した。

しかし、商品をドリーム・ワールドとドッキングすることにおいて画期的な役割を演じたのは、やはり、一八六七年の第二回パリ万博であると思われる。この万博では、メイン会場は、サン＝シモン主義のユートピアのイメージに忠実な楕円形の鉄とガラスだけの飾り気のないものだったが、その外側に広大な庭園がつくられ、異国情緒豊かな各国のパヴィリオンが多数設けられていた。この庭園と異国風のパヴィリオンが、万博で展示された商品に、商品それ自体のアウラとは異なる何か、つまり、商品を超えたところに存在するドリーム・ワールドを付け加えたのである。万博のメイン会場で無数の商品を眺めてアウラに当てられた人々は、会場の外に一歩足を踏み出したとき、そこに展開する貴族的なイギリス庭園や異国風パヴィリオンが広がるのを見て、商品のアウラと、その庭園やパヴィリオンをひとつの連結したイメージとして思い浮かべるような条件反射を獲得したにちがいない。つまり、人々は商品を眺めたあとで、庭園に広がる夢のような光景に目をやったとき、商品のアウラの彼方に、貴族的生活というドリーム・ワールドをたしかに遠望するようになったのである。

こうした、商品のアウラをドリーム・ワールドと結びつけるというコンセプトは、たちまち、デパートによって取り入れられた。一八六七年に工事が始められ、一八七二年に一部が完成したボン・マルシェの新館がそれである。ボン・マルシェの創業者、というよりもデパートの発明家であるアリスティッド・ブシコーは、デパートの建物を、オペラ座や貴族の宮殿のような豪華で壮麗な建築物とすることで、商品のアウラを、貴族的な建物、さらにその建物から連想する貴族的な生活様式というものへと連結させ、民衆の夢見るドリーム・ワールドと商品とが二重になるように工夫したのである。

もちろん、こう言うと、デパートに押し寄せた大衆が直接的に憧れたのは、自分たちよりも階級が一つ上のブルジョワ的生活様式であり、貴族階級のそれではなかったという反論が出るかもしれない。しかし、そのブルジョワはと言えば、これは貴族的な生活様式に憧れてこれを模倣していたのだから、デパートにあふれる群衆は、間接的に貴族的な生活様式をドリーム・ワールドと見なしていたと言うことができる。ウィリアムズはこう言っている。

羨望は、魅力的な感情ではないが、社会的同化を進めるうえで非常に有効である。皆が王のモデルをまねて宮廷の嗜好が均質になったように、ブルジョワジーの嗜好は貴族のモデルを忠実に反映していた。宮廷が王に魅せられていたように、ブルジョワジーは貴族のプレステージに幻惑されていた。（前掲書）

これから類推するに、デパートで買い物をするようになった民衆は、ブルジョワジーに憧れることで、実は貴族のライフ・スタイルをドリーム・ワールドとして措定していたのである。

こうした形でのデパートのドリーム・ワールド化は、逆に、万博そのもののコンセプトに影響を及ぼさずにはいなかった。すなわち、万博の模倣からはじめてドリーム・ワールド化に成功したデパートを、今度は万博がまねすることとなったのである。一八八九年のパリ万博はその典型で、万博が、デパートが開発した商品とドリーム・ワールド連結の方法論を、いたるところで採用するに至る。その延長上に現われたのが、一九〇〇年のパリ万博であったことは言うまでもない。

したがって、当然ながら、一九〇〇年の万博を訪れた民衆の多くが魅了されたのは、万博の会場や展示品そのものではなく、それらの彼方に幻影として浮かぶこの商品のドリーム・ワールドであった。それをよく示すのが、冒頭に挙げた『なしくずしの死』のフェルディナン一家の父親のエピソードである。息子以上に万博に魅せられて帰ってきた父親は、万博の話をパサージュの連中に話して聞かせる。

父さんは息するみたいに楽々と、どんどん彼ら相手に蜃気楼をでっちあげた（中略）家の中で魔術が行われていた（中略）ガス灯の明かりも消して。父は彼らに自分一人で、四ダースの《博覧会》よりも千倍もすばらしい見世物を提供していた（中略）ただし彼はガス灯はつけたがらなかった（中略）蠟燭だけ（中略）わが家の友人の小店主たちは自分の家の蠟燭を屋根裏部屋の奥から引っ張り出して持ってきた。彼らは、毎晩、父さんの話をまた聞きにやって来て、たえずもう一度話してくれと頼んだ……。

フェルディナンの一家によって万博を介して垣間見られたドリーム・ワールドは、会場の順番待ちや大混雑のために一家が疲労困憊して家に戻ったときには、一瞬かき消えたように思われるが、現実が面前からなくなると同時に再び力を盛り返し、前よりもいっそう強く、想像力を刺激する。それは、商品をいったん買ってしまえば、買う前に夢見ていたドリーム・ワールドはにわかにしぼんで現実に引き戻されるが、別の商品を見ると、またドリーム・ワールドがその商品の彼方に現れてくるのと同じである。この万博の記憶があるかぎり、民衆はドリーム・ワールドと消費との果てしない追いかけっこを余儀なくされることになる。

この意味において、パリ万国博覧会とは、民衆をイマジネールな消費へと駆り立て、資本主義を加速してゆくための摩訶不思議な心的な装置の一つとして機能したと言うことができるのである。

デパート文化

ある文化・経済事象が学問・研究の対象となるということは、悲しいことだが、その事象がダイナミックな成長・発展のサイクルを終え、ゆるやかな衰弱のサイクルに入ったことを意味している。学問・研究というのは、一見すると無秩序で無定形に思える現実の中に一定の「法則性」を見いだすことに本質があるが、その「法則性」というのは、文化・経済事象の場合、進化の段階がある程度まで成熟したものにならないと見えてこないからである。

この意味で、デパートというものが、近年、学問・研究の対象となってきたということは、デパートの発展・変化がとまり、その生成の過程の中に、他の文化・経済事象と共通するような「法則性」が見え始めてきた事実を裏づけている。しかし、これは逆に見れば、文化・経済事象としてのデパートそのものはこれからあまり面白いものになるとは期待できないが、それを研究対象とする「デパート学」は、これからが面白さの本番を迎えるということができるのではないだろうか。なぜなら、「デパート学」が経営学や経済学の手を離れて、歴史学の領域に入ってくることになるからだ。歴史学というのは、もちろん、政治・経済・社会・文化・美術・思想などすべてを含んだうえでの歴史学、ひとことでいえば、ある時代に固有の認識基盤（エピステーメー）を探るエピステモロジー（認識論）である。

例をあげて説明しよう。デパートは、一八五二年、パリでブシコーという商人がつくったボン・マルシェが最初とされている。ブシコーは、入店自由、正価販売、返品可というモットーを掲げて、それまで、できるかぎり高く売りつけるのが良い商人とされていた騙し売りの商業形態を改め、薄利多売、誠実第一という近代的商業原則を確立した。ブシコーが起こしたこの商業革命はたんに経済や経営のレベルにとどまることなく、同時代のエピステーメーそのものにも大きな影響を及ぼした。

たとえば、デパートの出現で、商品の性質そのものが変化した。すなわち、商品は、必要を満たすためのものから、人の欲望をそそる魔力をそなえたフェティッシュ（物神）へと変わった。その結果、商品は人間に役立つと見せながら、人間の心を支配する存在となったのである。

それと同時に、こうしたありとあらゆる種類のフェティッシュをそろえたデパートの建

美術様式がアール・ヌーヴォーからアール・デコに変わるとき、デパートもそれにつれて変身をとげる。なかでも、ポスター制作には、モード雑誌のイラストレーターが総動員され、広告美術というジャンルが成立する。(ジャン=ポール・カラカラ『ル・ロマン・ド・プランタン』より)

物や売り場構造、そしてその中を他の客たちとともに歩き回るという体験が同時代の思考法にある種の影響を与えるようになる。その影響は場合によっては、文学や美術、思想といった領域にまで拡大してゆく。ヴァルター・ベンヤミンは、「ボードレールの『大都会の宗教的陶酔』について。百貨店とはかかる陶酔に捧げられた寺院である」と指摘している。

したがって、これからのデパート学は、もちろんデパートそのものの歴史を事実に則して研究することも大事だが、デパートという現象・制度において観察された法則性や原理を一見関係のなさそうな文化事象の中にもさぐってゆくという態度が必要になる。あるいは逆に、他の文化事象の中で確認された構造がデパートの中にもないか調べてみなくてはならない。さらにデパートと他の文化事象のうちに共通して見いだされる因子はその時代のエピステーメーとどこでどう繋がっているかを問う姿勢が要求されることになる。

たとえば、デパートとサン＝シモン主義やフーリエ主義といったユートピア思想との関連が問題となるだろう。あるいはデパートと自然主義小説の方法は深部において繋がっているというような考えかたも成り立つかもしれない。ベンヤミンは「商業がロートレアモンとランボーに及ぼした影響を跡づけてみることが必要である！」とさえ述べている。デパートは、我々が考えている以上に大きな思想的課題を含んでいるのである。

データベースとしてのデパート

十年ほど前、東京都多摩市から横浜に引っ越してきて、ひとつ非常に不便になったことがある。多摩市にいたときには、歩いて十分ほどの駅前に小さいながらデパートがあったのに（あるのです、多摩市にも。しかも、いまでは三軒もある）、現在は電車で三十分かかる横浜駅まで行かないとデパートがないということである。もちろん、近くにも大型スーパーはあるのだが、大型でもしょせんスーパーはスーパーであって、デパートではない。多摩市にいたときには、なんだこんな小さなデパートと馬鹿にしていたのだが、なくなってみるとデパートの偉大さが身に滲みてわかるのである。

といっても、不便さはかならずしも買い物の不便さを意味してはいない。買い物なら、電車で三十分でもかまわない。不便なのは、情報源として、つまりデータベースとして気軽にデパートを利用できないという点である。

書き物や翻訳をしていて、突如、あるモノの具体的な細部を知る必要に迫られることがよくある。その細部をしっかり調べておかないと、話が先に進まなくなったり、翻訳がいいかげんなものになったりするのである。もちろん、百科事典やその他の事典を引けばわかるといった類いの話ではない。ある具体的なメーカーの具体的な製品がどんなものか知らないといけないのである。こんなときには、近くにデパートがあるとどれだけ便利かわからない。とりわけ、最近では、バブルがはじけたとはいえ、デパートはかなりの情熱をこめて外国の製品を仕入れてきているので、私のように外国の風俗をメシのたねにしている人間には非常にありがたい。

たとえば、『馬車が買いたい!』(白水社)という本を書いていたとき、十九世紀のフランス人は一日にパンを平均してどれくらい食べていたのかという疑問がわいてきた。いろいろと資料に当たってみたところ、肉体労働者で一キロ、ブルジョワ階級の人間で五百グラムというあたりまでは調べがついた。だが、パン一キロ、あるいは五百グラムといわれても、ふだんフランスパンを秤に載せてから食べているわけではないので、この重さが具体的なパンに換算してどれぐらいになるかがわからない。そこで、さっそく、駅前のデパートまで調べに出かけた。このデパートには、パリのフォションが入っているので、ここに行けばフランスパンの重さもわかるはずだからである。平均的なフランスパンであるバゲットを二本購入してから、レジで、これ何グラムですかと聞いてみたのだが、パートのおばさんなのでいっこうに要領を得ない。あと一時間するとパン焼き職人が戻るということなので、出直してくることにした。台所の調理用秤で量ってみると、バゲットは一本約二百グラムあることがわかったが、念のため、一時間後にまた聞きに出かけた。

パン焼き職人は、パリのフォション本社に行ってフランスパンの焼き方を修業してきたという人で、かなり詳しい知識をもっていた。その話によると、フランスでは、昔からバゲットは二百五十グラム、パリジャンという大きなパンは五百グラムと法律できまっているということで、それより少ないものを売ると罰せられるのだそうである。おそらく、大革命の頃に民衆を保護する目的でできた法律なのであろう。五百グラムというのは昔の重さの単位の一リーヴルに当たるので、それを基準にしているらしい。ただ、日本人には、二百五十グラムのバゲットだと少し多すぎるということで二百グラムにしているという。もちろん、日本にはフランスパンの重さを定めた法律のようなものはない。

これだけでも、本を書き進めるうえではかなりの前進である。すなわち、労働者が一キロ、ブルジョワが五百グラムということは、具体的には、それぞれバゲット四本と二本ということである。これはなかなかキリがいい。というよりも、もともと一リーヴルのパン、半リーヴルのパンという単位で食生活が行われていたのでこういうことになったのである。この知識をもとにして、さらに調べを進めると、一八四〇年にはパン一キロは八スー（一スーは現在の貨幣価値に換算して約五十円）だということがわかった。とするとバゲット一本は二スー（百円）だということになる。この知識を頭にいれてバルザックの『幻滅』を読むと、主人公のリシュアンは、朝食を「二スーのパンと一スーの牛乳」だけで済ませると書いてある。つまり、バゲット一本を朝食に食べていたということだが、当時は一日二食だけで、朝食は昼食もかねていたから、これぐらい食べておかないと、若い男なら途中でお腹が減るだろうということは十分想像がつく。

ここまでわかってくると、小説の細部がだいぶリアリティーをもちだして、主人公の生活に密着できるような感じになってきたが、これも、もとはといえば、デパートが近くにあったおかげなのである。

また、別の原稿を書いているとき、ゲラン（フランス語の発音ではゲルラン）の香水についての知識が必要になった。資料によれば、ゲラン社は十九世紀の半ば、ピエール・フランソワ・ゲルランによって設立されたという。このゲラン社の開祖は、それまで主流だったイギリス香水に負けない香水をフランスにもつくりだそうという野心に燃えて、ついに一八五三年、皇帝ナポレオン三世の皇后ウージェニーに捧げたフローラル系のオー・デ・コロン「オ・ド・コローニュ・アンペリアル」を完成した。これによって皇后御用達となったゲラン社は、さらに、第三共和制の時代に息子のエメ・ゲルランが動物系香水をリヴァイヴァルさせた「ジッキー」でパリ万博金賞を射止め、世界ブランドに羽ばたいたということである。そして、その後、「青の時間」「ミツコ」「夜間飛行」とヒットを連発することで、「ゲランの香りはフランスの香り」というイメージを世界中に広めることに成功したのだそうだ。

ここまでわかれば、ひととおりの原稿は書ける。しかし、そのときふと、こうした香水の匂いをなにもかいだことがないくせに、知ったかぶりをして書いてしまっていいのかという内心の非難が聞こえた。家人にたずねてみると、持っている香水はシャネルとディオールとロシャスでゲランはないという。そこで、またデパートの香水売り場に出かけることにした。しかし、いい年をした男が香水売り場でクンクン鼻をうごめかすのはさすがに恥ずかしいので、家人に同行してもらった。ゲランの売り場には、「青の時間」「ジッキー」はなかったが、「ミツコ」「夜間飛行」はもちろんあった。試供品の匂いをかいで売り子の説明を聞いていくうちに、素人にも、「トップノート」「ミドルノート」「ラストノート」という匂いの音楽性や香水壜によるイメージ演出などが十分に理解できるようになってきた。さらに、驚いたことにその売り場には「オ・ド・コローニュ・アンペリアル」が奥の棚に飾ってあった。壜は十九世紀のオリジナルをリヴァイヴァルさせたもので調合も当時のままだという。蓋をはずすと、ウージェニー皇后が陶然としたのと同じ野の花の微妙な香りが鼻孔に吸い込まれ、一気に十九世紀にタイム・スリップしたような気分になった。家人もこれがいたく気に入り、結局、一万円なにがしかを投じて買いもとめることにした。取材費としては、まあまあといったところだろうか。しかし、それ以上に、こうした十九世紀の香水をゲランがまだ販売しているというのが驚きだった。パリには「ジッキー」も「青の時間」も在庫があるので取り寄せも可能だという話である。なにごとも尋ねてみるものである。

こうしたわずかな例からも、デパートがもっている潜在的情報量は相当なものだということがわかる。しかも、その情報が、実際のモノという形で、手に取り、色や形を確かめ、匂いをかぎ、時には味覚さえも味わうことができるのである。さらに、やろうと思えば、これを全部ただで済ますことだって不可能ではない。商品知識のしっかりした店員がいれば、もう、ほとんどこれは情報天国だといっていい。こんな素晴らしいデータベースを利用しない手はない。やはり、今度引っ越しをするのだったら、ぜひともデパートのそばでなければならない。

拙著『絶景、パリ万国博覧会』（河出書房新社）では、百科事典から万国博覧会が生まれ、さらに万国博覧会からデパートが派生したことを例証したつもりだが、もしかすると同じ「百」でも「百科事典」よりも孫の「百貨店」のほうが、はるかに偉いのかもしれない。こういうのは、藍より青くではなく、なんといえばいいのだろうか。

イマジネールな消費

ひところほどではなくなったが、それでもまだ、若い女性たちのあいだではブランド品信仰が根強く残っている。パリの高級ブランドのブティックに行けば、日本語の話せる女店員の前には、日本の若い女性たちの長蛇の列ができているはずである。

ところで、わたしはあるとき、彼女たちの買い物ぶりを観察しているうちにひとつの重大な事実に気づいた。

彼女たちが買っているのはブランド品であってブランド品ではない。彼女たちは、ブランド品を超えたところにあるなにものかを買っているのだ。

その証拠に、こうした女性たちに向かって、いまでは同じブランド品は日本でも売っているのだし、免税があるにしてもそれほど価格が変わるわけでもないのだからただでさえ少ない自由時間をブランド品の買い物にあてるのは無駄ではないかと説いても、彼女たちはいっこうに耳を傾けはしまい。なぜなら、同じ「ブランド品」でもそれが「パリで買った」ということが重要だからである。

たとえば、ある女性がパリに行きながら、ブランド品のブティックに出掛ける暇がなくて、同じものを東京のデパートで買ったとしよう。表示はもちろん「メイド・イン・フランス」になっている。当人以外は、それが東京で買われたことは知らない。だが、当人にとっては、そのブランド品は決定的なにかを欠いている。ひとことでいえば「パリ」で買うことによって生じるアウラがないのだ。もちろん、そのアウラは当人以外には見えないのだが、当人にとってはこのアウラがあるかないかが切実な問題なのである。

ことほどさように、たかが商品ひとつ買うのに、商品とそれを所有する人間との間に結ばれる関係はまことに複雑きわまりない。いいかえれば、「商品を買う」という行為は、現代という社会にあっては、思っているほど単純なものではなく、そこには多分にイマジネールな要素が入りこんでいるのだ。十二時間もあればパリに行ける現代でも日本人女性がブランド品をパリで買うことにあれほどにこだわるのは、じつは、彼女たちが幼い頃からパリやフランスに対していだいていた漠然とした憧れや夢が思いのほか強烈で、しかもその憧れや夢を表現するのに消費という行為しか知らないからなのである。彼女たちにとってブランド品をパリで買うのは、パリというドリーム・ワールドを自らのうちに取り込もうとする表現行為、ないしは自己確認の行為であり、凱旋門やエッフェル塔を背にした記念写真と同じで、自分がパリによって表象されるドリーム・ワールドに触れてきたというその事実こそが重要なのだ。つまり彼女たちはブランド品を買うことによって、「パリ」を、「フランス」を、さらにいえば「夢」を、「憧れ」を、「ドリーム・ワールド」を買っているということである。

萩原朔太郎のあのあまりにも有名な詩はその辺の心理を見事にいいあてている。

ふらんすへ行きたしと思へども
ふらんすはあまりに遠し
せめては新しき背広をきて

きままなる旅にいでてみん。

この詩で重要なのは、じつは、「きままなる旅にいでてみん」という部分ではない。「せめては新しき背広をきて」という箇所にこそ注目すべきなのである。新しい背広を誂えることが、いいかえれば、背広の新調という形で消費を行うことが、「ふらんす」という憧れの国、「ドリーム・ワールド」に対する渇望を一時的にではあれ癒してくれることになるわけだ。ここでは、消費は百パーセント、イマジネールな行為になっているのである。

ところで、消費がこのようにイマジネールな行為となったのは、たかだか、この百五十年ほどのことにすぎない。そして、その消費革命は、十九世紀後半のパリで起こった、とするのが、最近、翻訳されたばかりのロザリンド・H・ウィリアムズ『夢の消費革命――パリ万博と大衆消費の興隆』の主張である。

ウィリアムズにしたがえば、消費、とりわけ近代的な意味での消費は、かならずしも下部構造に還元できるものではなく、むしろ、人間の脳髄から生み出された想像力の一形態と捉えたほうがいいという。ようするに、消費とは、より豊かで楽しい生活という「ドリーム・ワールド」を追いつづけることを運命づけられた近代人の想像力の病いなのである。

ただ、ものを買うということがそのような脳髄的なものとなったのは、十九世紀の後半に、大衆的消費が、たんに生きてゆく上で最小限の必要を満たすための金銭の使用という閾を超えて、選択消費の段階に突入してからのことにすぎない。この段階の消費において初めて、大衆は、この世には存在しない「ドリーム・ワールド」を夢見る力、すなわち「想像力」を働かせはじめたのである。

この想像力発動のきっかけとなったもの、それは十九世紀のパリで世界に先駆けて誕生したデパートであり、十九世紀に都合五回も開かれたパリ万国博覧会であり、世界初の自動車ショーであったわけだが、ウィリアムズの立論で興味深いのは、大衆がこうして夢見る権利を与えられたドリーム・ワールドというものは、じつは、アッパー・ミドルがそれよりも前の時代に貴族階級のライフ・スタイルに憧れて作りあげたものに他ならず、その貴族階級のライフ・スタイルというのもまた、貴族が国王のライフ・スタイルを真似てつくりだしたドリーム・ワールドにすぎないという、「ドリーム・ワールドの連鎖」が存在するという点である。つまり、大衆が十九世紀の消費革命によって、ようやく手の届くところまできたドリーム・ワールドは、十七世紀にルイ十四世が生み出した消費のライフ・スタイルを出発点としているわけである。

しかしながら、ドリーム・ワールドの連鎖がここまで続いてくると、連鎖の原点となったルイ十四世風のドリーム・ワールドと、大衆が現実に大量生産品を手に入れることで垣間見たドリーム・ワールドとでは、あまりに落差が大きいということがだれの目にも明らかになってきた。だが、だからといって、大衆の消費願望がなくなるわけではない。その逆である。ドリーム・ワールドが到達不可能であればあるほど、消費はイマジネールなものとなり、その結果、大衆は消費へのより強烈な渇きに苦しむことになるのである。

ところで、十九世紀末に、消費がこうしたイマジネールな行為になると、それとほとんど踵を接するように、大衆的な消費に対する二つの批判的な消費形態が生まれてきたことは注目されてよい。ウィリアムズは、これを「エリート的消費」と、「民主的消費」と名付けている。

「エリート的消費」というのは、大衆が大量生産品を買うことで近づこうと願っているドリーム・ワールドを俗の俗と軽蔑し、大量生産品ではない、趣味の極致のような特別誂えの品物を買うことで別種のドリーム・ワールドに到達しようと考えるスノッブたちの消費形態のことである。この消費は、ある商品に大衆的な人気がでればたちまちその品物を憎悪し、別のまだ人に知られていない稀少品に乗り換えるということを繰り返すのを特徴としている。大衆的消費が、他人と同じ紋切り型のドリーム・ワールドに憧れるのに対し、このエリート消費は、常に他人とは異なるドリーム・ワールドを模索するという点に特色がある。いいかえれば、この形態の消費を好むスノッブは、消費をひとつの個性の表現行為、芸術行為と見なしている「消費芸術家」と呼ぶことができるのである。

ただ、たしかに芸術家ではあっても、このエリートは、自らの「芸術」を、消費という形でしか表しえぬ点に限界がある。また形こそ違っても、消費という道を通ってドリーム・ワールドに到達しようと希求する点では、大衆的消費と構造的には同じである。ユイスマンスのデカダンス小説『さかしま』の主人公デ・ゼサントはこの手の「消費芸術家」の典型である。

いっぽう、「民主的消費」というのは、大衆的消費の憧れるドリーム・ワールドがあまりに俗っぽいと認識する点ではエリート消費と同じだが、エリート消費とは違って、それを軽蔑したり断罪するのではなく、民衆のために、より趣味のよいドリーム・ワールドを構築しようと努める民主的な消費形態のことである。これは、現象的には、大衆が消費する商品を洗練させて芸術に近づけようとする装飾芸術運動の形を取り、フランスではアール・ヌーヴォーとなって現われたが、現実には、大衆はアール・ヌーヴォーの生み出す洗練された「商品」にはほとんど興味を示さず、運動は、一部の新しいタイプの消費エリートに評価されたにとどまった。というのも、大衆は自らのドリーム・ワールドにあくまでも忠実だったからである。

このように、ウィリアムズは、デカダンスとアール・ヌーヴォーという、これまでは純粋な芸術運動と見なされていた精神の傾向も消費の範疇に取り入れることによって、消費というものが、十九世紀以降、いかにイマジネールなものになったかを強調して見せるわけだが、もし、このウィリアムズの所論から、なにがしかの教訓を引き出すとすると、それは、次のようなことになるのではないか。

すなわち、消費というものが、いったんドリーム・ワールドを希求するイマジネールな過程に入ったら最後、それは、社会の上に対しても下に対しても、一種の強力な伝染性を発揮して、次々にドリーム・ワールドの連鎖をつくりだし、しかも、その連鎖は容易に国境を越えて、先進国から低開発国へと広がってゆく。それは、イマジネールなものであるという性質上、どのような清貧の思想をもってしてもこれを打ち破ることの不可能なものであり、人間という生命がたどるべく運命づけられたひとつの自然な過程と考えるほかはない。もし、この過程に無理をして逆らおうとすると、たとえばオウム真理教のように、なんらかの歪んだ形で社会に害毒を与えることになる。

イマジネールな消費の目指すドリーム・ワールドが、天国なのか地獄なのかまだいまのところはわからない。現在、われわれにできることといったら、それがイマジネールなものであることを正しく認識して、その上で、なんらかの方策を立てることしかないようだ。

ヴェルサイユ宮殿の神話

フランス革命から二百年以上も経過した今日でさえもなお、われわれは消費行動のすべてにおいて、ルイ十四世のヴェルサイユ宮殿の強い影響を受けていて、どんなつまらぬものの一つ買うのにも「ヴェルサイユしている」といったら、なんとまあ奇矯な言辞を弄するものよ、と強い反発をくらうにちがいない。

ところが、われわれの消費行動というものをとことん分析してみると、結局のところ、その根源はヴェルサイユ宮殿にあると結論せざるをえなくなるのだ。

たとえば、私が背広を、安売りのロードサイド店ではなく、デパートのデザイナーズ・ブランドのブティックで買うとき、材質もデザインもほとんど変わらないのに、なぜか、自分がワンランク上の人間になったような快い気持になる。いいかえれば、ミドルクラスの人間である私が少し高級な背広を着ることで、アッパー・ミドルに上昇したような錯覚を抱くのである。では、本物のアッパー・ミドルの人はといえば、こちらは海外リゾートの別荘でくつろぐことで、昔の外国の貴族にでもなったような気分に浸る。

しからば、アッパー・ミドルの模倣モデルである昔の貴族はどうだったのかというと、これはいうまでもなく王を、しかも王の中の王であるルイ十四世を真似ていたのである。この模倣の順送りシステムについて、MITの才媛ロザリンド・H・ウィリアムズ女史はこう分析している。

皆が王のモデルをまねて宮廷の嗜好が均質になったように、ブルジョワジーの嗜好は貴族のモデルを忠実に反映していた。宮廷が王に魅せられていたように、ブルジョワジーは貴族のプレスティージに幻惑されていた。(中略) 大衆消費の環境とは、消費者が一時的に富裕のファンタジーに浸ることのできる場所である。こうした環境は、少なくとも営業時間内にはすべての人々に開かれたヴェルサイユ宮殿であるといえる。(前掲書)

ようするに、デパートでブランド品を買うとき、われわれは模倣の順送りシステムによって、いつのまにかヴェルサイユ宮殿に入りこんでいるのである。

そう、すべての現代生活の原点はルイ十四世のヴェルサイユ宮殿にあるのだ。ヴェルサイユ宮殿こそがいまのわれわれの消費行動を規定しているのである。

では、そのヴェルサイユ宮殿とはいったいなんだったのか? これがわからなければ、現代のわれわれの日常生活の根源を理解することはできない。それならば、とりあえず、ヴェルサイユ宮殿が造営される時点までタイムマシンで逆行してみなければならない。

一六六一年、宰相マザランの死去により親政を開始したルイ十四世が突然、ヴェルサイユに新しい宮殿を造営すると発表し、一六八二年にここをフランスの首都と定めたことに対しては、これまでさまざまな解釈がなされている。

すなわち、フロンドの乱のさいにフロンド派に肩入れしてルーヴルやパレ・ロワイヤルになだれこんだパリ民衆から貴族を切り離すことで、フロンド派の帯剣貴族たちの牙を抜くためだったという政治史的な通説から、いや、ルイ十四世にとってパリの強烈な悪臭が我慢ならなかったのだという社会史的な新説まで、いずれも一理ある意見が出されている。その中には、財務長官フーケの作ったヴォー・ル・ヴィコントの城を凌駕する宮殿を造営したかっただけだという心理的な説明も含まれる。

しかし、いずれの説明にも欠けているものは、ヴェルサイユ宮殿の造営と遷都が、絶対王制の確立に決定的な影響をもたらしたのはなぜかという視点だろう。いいかえれば、ルイ十四世が他の時代の独裁者とは異なり、軍隊や警察といった暴力装置に頼ることもなく、ただヴェルサイユに居城を築いただけで、ラ・ロシュフーコー公爵やドーモン公爵などの財力、知力、胆力とも王に負けぬ名だたる封建貴族たちをいとも簡単に屈服させることができたのはなぜかということを考えなければならない。

これに対しては、『十七、八世紀におけるヴェルサイユ宮殿の日常生活』(邦題『ヴェルサイユの春秋』金澤誠訳　白水社)を書いたジャック・ルヴロンがこういっている。

ルイ十四世の奇蹟は、これら名だたる貴族まで召集し、たちまち彼らの心性を収攬ないしは籠絡した、手際の鮮やかさにある。いちど王の手にかかると、貴族の縦横の才気も宮廷エチケットのなかに収斂されて分別化し、彼らの誇る家屋敷や財宝も、ヴェルサイユのつましい仮住まいほどの魅力も感じなくなる。もはや国王の身辺を離れて、生活の愉しみも張りも充足感も、貴族の身になくなってしまうのである。

（金澤誠訳）

ルヴロンの指摘するように、ルイ十四世の人心収攬術の最大の眼目が宮廷エチケットや上席順位の制定にあったことはまちがいない。日常生活のどんな動作や衣服もこまかく規制され、それに少しでも違反する者がいると礼儀知らずの田舎貴族として宮廷中の笑い者となる。また、だれがだれに対して上位であり下位であるか、それを知悉していないとヴェルサイユでは一歩も歩くことができない。この「心性」の「籠絡」が成功したのだ。

その典型的な例は、朝、国王が起床したときの着衣の儀式に求められる。つまり、国王に下着を渡すのは列席した王族・貴族の中の最高位の者であるというシャルルマーニュ以来の起床の儀式がヴェルサイユでひとり歩きを始めて、猛威をふるい、たんなる「下着を渡す」という行為が、王と臣下、さらには高位の王族・貴族と他の王族・貴族との間の身分の差異を見せつけ屈辱を味わわせることにもっぱら使われるようになったのである。

一例を示そう。ルイ十四世の弟フィリップ・ドルレアンはつねづね、王の従弟つまりコンデ公が自分のいうことを聞かないのに強い不満を感じていた。そこで、ある朝、自室の窓の外を通りかかったコンデ公を見かけると、なにげない風を装って彼を呼び止め、コンデ公が部屋に入ると、突然、部屋着と下着を脱いだ。そこで侍従がすかさずコンデ公に昼用の下着を渡す。コンデ公は腹が煮えくりかえるような気持を味わいながらも、フィリップ殿下に下着を渡さざるをえなかった。

これを王族ばかりか貴族も真似をするようになり、突然、下着を脱ぎ出す者があとをたたない。しかし、ときには、この下着渡しの儀式のおかげで、かえって王族がひどい目に遭うこともなかったわけではない。ノルベルト・エリアスの『文明化の過程』やジャン・クロード・ボローニュの『羞恥の歴史』が例を引いているカンパン夫人の『マリ・アントワネットの私生活に関する回想』の中には次のような馬鹿げたエピソードが披露されている。

冬のある朝、マリ・アントワネットが下着をつけようとした。カンパン夫人が下着を広げて女官に渡そうとすると、そこにオルレアン公爵夫人が入ってきた。女官よりオルレアン公爵夫人のほうが身分が高いから、マリ・アントワネットに下着を渡すのは公爵夫人ということになる。しかし、女官が下着をそのまま公爵夫人に渡してはいけない。女官はまずカンパン夫人に下着を戻し、カンパン夫人の手からそれを公爵夫人に渡すきまりになっているのである。ところが、そこに今度はルイ十六世の弟の夫人つまりプロヴァンス伯爵夫人が入ってきた。儀式は振り出しに戻り、最後にプロヴァンス伯爵夫人がマリ・アントワネットに下着を渡すことでケリがついた。その間、マリ・アントワネットはブルブル震えながら、「なんて間が悪いの！」とつぶやいていなければならなかった。だが、いったん礼儀作法と上席順位が定まってしまったあとでは、どんなものでもこれに従うほかなくなる。

ただ、今日のわれわれの目から見ておもしろいのは、この礼儀作法というものが羞恥心の産物ではいささかもなかったことである。むしろ、礼儀作法は自然な羞恥心とは対立するものだった。なぜなら、下着渡しの儀式にも表れているように、身分の高い者は目下の者の前で裸になる権利をもつからである。羞恥心は目上の者に対して発動されるものであって、目下の者には関係がない。たとえば、ルイ十四世はしばしば「穴空き椅子」と呼ばれる便器にこしかけて排便しながら面会をしたり政務を執った。配下の貴族たちもさっそくそれをならった。ジャン・クロード・ボローニュのいうように「裸体はそれを見せる側には少しも屈辱的ではなく、それを見る側に屈辱的だったのである」

これはたとえ相手が異性の場合でもまったく変わらなかった。すなわち、貴婦人たちは、目下の男たちの前で平気で着替えをしたり、入浴をしながら面会をした。というよりも、マリ・アントワネットのように、裸体になるのが恥ずかしい女性でもそうしなければならなかったのである。それどころか、もっと秘められた部分や行為でさえ、高位の王族には羞恥心の欠如が求められた。たとえば、国王と王妃の初夜の交わりも、目下の者たちが見つめる前で行うよう定められていたのである。

この王族の特異な羞恥心、というよりも「羞恥心の欠如」はたんに身近にいる目下の者にだけでなく、はるかに身分の下の民衆を相手にする場合にも発揮された。それをもっともよく示すのが、国王一家の私生活はヴェルサイユに見学にやってくるすべての民衆に公開されていたという事実である。民衆は動物園に行くように王族の私生活をのぞきに出掛けた。特に人気のあったのは食事の時間で、見物人はこちらで国王がスープを飲むのを見て、あちらで王太子がゆで卵を食べるのを見学した。

しかし、われわれにとってなんとも理解しがたいのは王妃の出産が一般民衆に公開されていたことである。

民衆は、一七七八年十二月十九日、王妃（マリ・アントワネット）が出産間近だと知らされると宮殿の全ての入口に押し寄せた。あのオーストリア女に公開の晩餐を拒否したりするとどうなるか思い知らせてやるぞ、食べずにすますことはできても、産まずに済ますことはできまい、というのである。《野次馬の波》が突如として部屋になだれこんだ。今度こそ語の最も広い意味での《公開》である。物音の激しさのあまり王妃は死ぬ思いだった。

（ボローニュ　前掲書　大矢タカヤス訳　筑摩書房）

マリ・アントワネットは未来の《王家の奥方》を産み出すために最後の力をふりしぼったあと失神した。

このように、身分の上下を規定する礼儀作法は、実際には、礼儀とは対立するような摩訶不思議な羞恥心の欠如さえ引き起こしたが、ひとたび稼働しはじめたシステムを後戻りさせることはだれにも——国王自身にさえ——不可能だった。もはや、規則がすべての上位に——国王の上にさえ——立って君臨しているのだ。

だが、われわれは、ここで原点に戻って、さきほどの問いをもう一度問いかけてみる必要がある。すなわち、ルイ十四世の定めた礼儀作法や上席順位の規則が、どんな暴力よりも王族・貴族を平伏させるのに役立ったとしても、なぜそれがヴェルサイユ宮殿で行われなければならなかったかという問題である。礼儀作法や上席順位の制定なら、ヴェルサイユにまで行かずとも、ルーヴルやパレ・ロワイヤルでも可能だったのではないか？

この問題に答えるには、礼儀作法や上席順位の規則という具体例からいったん離れ、これをワン・オブ・ゼムの現象として眺めてしまうほど遠方の視点にまで退いてみる必要がある。そうすると、見えてくるのは、幾何学的な図形あるいは抽象的な方程式である。この抽象的な方程式をエーゴン・フリーデルはこの十七世紀、ルイ十四世の世紀を支配したデカルト主義と命名する。

さまざまの情念がせめぎあう悲劇、人間の性格の、代数学めいた公式が展開される喜劇、いろいろな庭園が抽象的な方程式となって組み合わせられているヴェルサイユ宮の造園、戦争や経済で用いられる分析的な方法、身ぶりや表情や舞踏や会話の、いわば演繹的な儀式。いずこを見ても、無際限の力をふるう支配者としてのデカルトが君臨しているのだった。

（『近代文化史』宮下啓三訳　みすず書房）

さすがフリーデル、フーコーよりもはるか前に、フーコーよりもはるかに簡単な言葉で古典主義の世紀の特徴をいい当てている。つまり、礼儀作法が礼儀作法として、いいかえれば規則が規則として機能するには、そこにデカルト的な理性による演繹法が働いていたというのだ。

しかし、この答でも、われわれはまだ納得できないものを感じる。そうしたデカルト的な演繹法が働くにしても、そのスターターとなるものが必要なのではないか？　初めになにかがなくては演繹法も稼働しないのではないか？　フリーデルはこう答える。

デカルト的理性なるものは一つの中心点を要求する。その中心点からすべてのものごとを統一的かつ系統的に支配し操縦するのだ。（中略）国王は神と理性によって捉えられた、地上の座標軸の中心点なのだ。（中略）まずはじめに国王がいて、次に国家がある。国王から出発して国家が発展する。まず発展座標軸の交点があって、そのあとではじめて実際の点、線、平面ができるようなものだ。

そうか、それでわかった。ルイ十四世は、親政を開始した時点で、「朕は国家なり」と、宣言するだけでは足りないことを自覚していたのだ。自分が座標軸の交点であるということを理解させるには、現存物がある場所に立っていてはいけない。完全に空虚の場所に交点を定め、自分が真っ先にそこに身を置く必要がある。その座標軸の交点こそがヴェルサイユだったのである。パリでは、たとえルイ十四世であろうとも、それを座標軸の交点にすることはできなかった。パリの力はすでに十分偉大だったのである。ルイ十四世は本能的にそれを知っていた。フランスを、世界を支配するには、みずからをすべての出発点とすることのできる場所が是非とも必要だったのである。

ルイ十四世はその点でヴェルサイユの神話を発明した。それこそ太陽王の創造した最高の奇蹟であった。

（ルヴロン　前掲書）

われわれは現在もなお、日常生活のすべての面において、ルイ十四世がその交点をヴェルサイユに定めた座標軸のどこかにいる。どんな人も、どうあがこうとヴェルサイユの支配を免れることはできない。この論考でさえも。

第7章　くらべる

二つのオリエンタリズム――万博にみるフランスとイギリス

マラリア学者ロバート・S・デソウィッツによる衝撃的ノンフィクション『マラリアVS人間』（晶文社）を読んでいたら、マラリアと同じく昆虫媒介の伝染病である黒熱病（カラ・アザール）が、なぜ十九世紀後半にインドだけで猛威を振るい、インドシナ半島にまでは伝染しなかったかについての興味深い説明がなされていた。

それによると、イギリスの植民地であったインドでは、イギリス人がインドの産物と母国の工業製品の集荷・流通を円滑ならしめるため、つまり植民地の収奪をより容易にするために、道路、鉄道、水路といった商業ネットワークを建設した結果、いったんカラ・アザールが流行すると、物と人の流れにしたがって病原菌も簡単に移動したのに対し、フランスの植民地であったインドシナでは、「文明化の使命」理論に基づくフランス帝国主義がもっぱらフランス風の町造りとフランス文化の移植だけを目指して、道路、鉄道、水路といったインフラの整備に力を注がなかったため、カラ・アザールはほとんど広まらなかったという。

このように、英仏両帝国の植民地主義の相違は、流行病の伝播などといった一見何の関係もないように見える部分にまでその影響を及ぼしているので、その現われ方をつぶさに眺めてゆくと、これまで気づかなかったような文化史的な展望が開けてくることが少なくない。オリエンタリズムという、植民地主義のイマジネールな反映の研究については、この英仏の相違はなおのこと重要だと思われる。しかし、実際には、オリエンタリズムの研究者は、オリエント（東洋）とオクシデント（西洋）を二項対立的なものとしてみようとするあまり、英仏の差というものを無視しえる微差として捨て去り、オリエンタリズムを一括りにして論じてきた。

サイードも例外ではない。もっとも、サイードのような個別的なテクストを素材とする場合には、この態度も許されるのかもしれない。

だが、わたしが、これから扱おうとしているのは万国博覧会という「制度」である。「制度」である以上は、英仏の想像力の相違というものをはっきりと意識の中にいれておくべきではないかと思われる。なぜなら、万国博覧会というものは、あきらかに、ひとつの「国民的なイマジネール」が発現する場だからである。

一八五一年にロンドンで世界初の万国博覧会が開催されたとき、オリエンタリズムは、植民地特有の産品という形を取ってその姿を現わした。

とりわけ、十八世紀後半に、フランスの「東インド会社」を駆逐して覇権を確立したイギリスの「東インド会社」はインドにおけるその圧倒的な勢力を誇示するために万国博覧会を最大限に利用しようと考え、インドで産出されるほとんどすべての産品の展示を行った。それは、博覧会場であるクリスタル・パレスの片側半分を占めるほどの量だった。

次はイギリス領インドの展示コーナーである。富と興味が一挙に他のコーナーの百倍にもなるのがここである。インド会社は、万博組織委員会である王立協会の求めに応じて、その貴重な収集品のすべてを提供した。（中略）とてつもなく貴重な宝石、さまざまな金銀細工、目のくらむほど豪華な衣装、歴代の王侯たちの宮殿を飾ってきた家具などが、（中略）クリスタル・パレスの交差廊を越えた右半分を占領している。このコーナーには、インドの楽器や家庭用品などの興味深いコレクションもある。

見事に剝製化されたインド象の背中には、領主たちが祭典の日に乗る輿がすえられている。ヨーロッパ人にとってはまったく目新しいこうした道具が、見物客たちによってどれほど熱心に観察され、眺められているか、容易に想像がつくだろう。その象の剝製のすぐ横には、オリエント風のベッドが置かれている。赤いビロードのそのベッドは豪華な刺繡がほどこされ、金色の柱に支えられた天蓋はそれに見合った上質の毛織物からなっていて、象の剝製と調和のとれた一対をなしている。

（『イリュストラシオン』一八五一年十一月二十九日号）

まさに、イギリス領植民地インドの豊かさを見せつけるに十分な物、物、また物であり、「物産のオリエンタリズム」というにふさわしい。イギリス植民地だけで五百二十人の展示者という数は、ポルトガル植民地の百五十人、フランス植民地の六十九人という数を圧倒している。この数字だけから判断しても、イギリス植民地、とりわけインドの富が、イギリス人によって効率よく「開発」され、確実に「収奪」されていることがわかる。

だが、こうした展示だけを見て、これが万博におけるイギリス・オリエンタリズムの特徴だと、具体的な性格を示して明言することは不可能である。なぜなら、特徴というものは、別の比較の対象があってはじめてあらわになるからである。

しかしながら、次の万博、つまり一八五五年のパリ万博における植民地やアジア・アフリカ諸国の展示を一瞥しても、万博における英仏植民地主義の差、あるいは英仏のオリエンタリズムの違いは目に入ってこない。というのも、一八五五年のパリ万博は、サン＝シモン主義の原理に忠実な「事物による分類法」を採用していたため、さまざまな国籍の同じジャンルの事物が一堂に会してはいても、国別の展示、つまり一つの国の産品だけがまとめて展示されるということはなかったからである。いいかえれば、この万博の目的は、あくまで、事物同士のコンクールにあり、国別の産品で特徴を出すという概念は、考慮の埒外にあったのである。これでは、たとえ、英仏の植民地の産品が各コーナーに展示されていたとしても、それがひとつの弁別的特徴を示すはずはない。

万博における英仏のオリエンタリズムの差が如実にあらわになるのは、なんといっても、一八六七年の二回目のパリ万博からである。

一八六七年のパリ万博においては、「事物による分類法」という原則は放棄されることがなかったが、もうひとつ「国別の展示」が同時に採用され、この二つをクロスさせるという複合的分類法が登場した。すなわち、楕円形の会場を同心円ゾーンに沿って歩けば、あらゆる国の同じジャンルの事物が展示されているが、放射状のゾーンをたどると、同一の国のさまざまな事物が見られるという具合である。この新たな分類法により、万博における国別の特徴というものがあらわになることになった。

しかしながら、一八六七年のパリ万博で、一気にオリエンタリズムを前面に押し出したのは、そうしたメイン会場における植民地コーナーの産品の展示ではなかった。万博におけるオリエンタリズムを圧倒的な規模で印象づけたもの、それは、メイン会場の外の庭園に設けられた国別のパヴィリオンである。

国別のパヴィリオンが設けられたのは、今回が最初であり、サン＝シモン主義的な万博理念からすればあきらかに逸脱と捉えられるべきものである。その点は、万博の組織委員会のフレデリック・ル・プレーとミシェル・シュヴァリエも承知していた。しかし、前回の一八五五年のパリ万博があまりに理念にこだわりすぎて、娯楽的要素に欠けたため入場者数が伸びずに大赤字を出してしまったことへの反省から、今回は、アミューズメント的な要素の導入も辞さないという姿勢で臨むことに決めていたところへ、折よく、参加希望国が多すぎて、メイン会場だけではとうていすべての国を収容しきれないことが判明したので、メイン会場での割り当て面積が少なかった非ヨーロッパ系の中小国に対して、庭園にお国柄を反映したパヴィリオンを建設してもらうように要請したのである。こうすることで、展示面積のバランスとピトレスクな要素への配慮という二つの問題が同時に解決されると考えたというわけである。この方向転換は、万博におけるオリエンタリズムに決定的な性格を与えることになる。

一八六七年のパリ万博では、長方形のシャン・ド・マルスの練兵場に楕円形のメイン会場のパレをはめこんだ残りの部分が庭園として整備され、これが「自然庭園区画」、「ドイツ（ヨーロッパ）区画」、「イギリス・オリエント区画」、「フランス区画」の四つの区画に分けられていたが、オリエンタリズムが花咲いたのは、このうち、セーヌに面した「イギリス・オリエント区画」である。この区画には、イギリス、アメリカ合衆国、イタリア諸国のパヴィリオンもあるにはあったが、主役はあくまでアジア、アフリカの非ヨーロッパ諸国のパヴィリオンだった。

ところで、ここに軒を並べる非ヨーロッパ諸国のパヴィリオンは、拙著『絶景、パリ万国博覧会』で指摘したように、ナポレオン三世の「善意の帝国主義」に基づく世界戦略を、ほとんど図解するような形で配置されていた。

すなわち、まず、シャン・ド・マルス近くに特別に設営された鉄道駅を降りた見物客は、いきなりチュニジア総督の宮殿バルドーを模したチュニジア館と向き合うことになるが、このチュニジアは、その左となりの一角にテント小屋と厩舎を出品していたモロッコ、およびすでに一八五七年から植民地となっていたアルジェリアと並んで、やがてフランス帝国主義のマグレブ植民地に加えられることになる国である。

また、モロッコの右となりには、ヨーロッパの国であるにもかかわらずなぜかルーマニアのパヴィリオンが配されているが、それは、ルーマニアが、クリミア戦争の結果、フランスの後押しによって、ロシアの影響を脱することができた事実を反映している。

さらに、これまたオリエントの国ではないにもかかわらず、メキシコがこの区画の一角をしめて、アステカ文明のクソチカルコ神殿のレプリカをパヴィリオンに仕立てているのは、皇帝マクシミリアンを擁立したナポレオン三世がメキシコの保護国化という野心を抱いていたからにほかならない。

ナポレオン三世がメキシコに影響力を確立しようとしたのは、そこがサン＝シモン主義の夢である大西洋と太平洋を結ぶ運河の候補地だったからだが、ルーマニアのとなりの区画にパヴィリオンを出展していたエジプトについても同じようなことがいえる。すなわち、サン＝シモン主義者のアンファンファンタンの夢を受け継いだレセップスがスエズ運河の開削を開始し、すでに工事が半ばまで完成していたこともあって、エジプトはフランスの友好国となっていたが、その関係を反映して、この区画には、スエズ運河会社のパヴィリオンのほか、前庭にスフィンクスを置いたファラオの神殿、隊商宿（キャラバンサライ）、厩舎などのレプリカといった、いかにものエジプトらしいパヴィリオンが立ち並んでいた。

ナポレオン三世の善意の帝国主義がエジプトの次に狙いをつけていたのは、没落の一途を歩むオスマン・トルコの領土、すなわち、レヴァント地区からシリア、イラク、トルコに至る地域で、クリミア戦争でフランスがオスマン・トルコに肩入れしたのも領土的野心からだった。そのせいもあるのか、このオスマン・トルコの区画に並んだモスク（回教寺院）、トルコ風呂、スルタンの別荘などのパヴィリオンは、いずれも見事なまでにオリエント風の夢想をさそう建物ばかりで、ナポレオン三世の帝国主義的な世界制覇の夢の忠実な反映となっていた。

帝国主義的夢想の反映としてのパヴィリオンということであれば、忘れてはならないのが、エジプトの左となりにある中国（清国）と日本とシャムのパヴィリオンである。すでに一八五六年、アロー号事件が起きたさい、フランスはイギリスと組んで中国に出兵し、一八六〇年には北京に進軍して北京条約を結ばせ、中国に門戸開放を約束させていた。同じく、日本に対してもフランスは門戸開放を要求して一八五八年には通商条約を締結し、ついで、幕末の混乱に乗じて、幕府側への武器援助を行い影響力を強めようと図っていた。

また、インドシナでは一八六二年にコーチシナを、一八六三年にはカンボジアを属領化し、次は虎視眈々とシャムの領土を狙っていた。ひとことでいえば、シャン・ド・マルスのこの一角に集められたアジアの三国は、ナポレオン三世がその帝国主義的アジア戦略の拠点として利用していた国々なのである。

さて、以上で、シャン・ド・マルスの「イギリス・オリエント区画」に配置されていた非ヨーロッパ諸国のパヴィリオンはすべてナポレオン三世の帝国主義的夢想の布置を万博という機会を借りて現実化したものにほかならないということが理解できたかと思うが、では、これらのパヴィリオンの群れが、いかなる点においてフランス・オリエンタリズムの弁別的な特徴を構成していたかということになると、答えはそう簡単には出てこない。答えを出すには、ここで再び、イギリスとの対比という問題に立ちもどらざるをえなくなる。

さいわい、この区画が「イギリス・オリエント区画」と呼ばれていたことを思いおこそう。すなわち、シャン・ド・マルスの庭園のシュフラン大通りとセーヌに挟まれたこの区域が、「イギリス・オリエント区画」と呼ばれていたのは、オリエントとイギリスのパヴィリオンが対峙する形で配置されているためであることもあるが、もうひとつ、この区域が、メイン会場であるパレのイギリスの区画に隣接しているためでもある。この命名は、図らずも、イギリスのオリエンタリズムと、フランスのオリエンタリズムの対比を見事に浮き彫りにする形になっているのである。

だが、いったい、何と何が対立しているのか。

まず、イギリスの展示。イギリスの展示は、メイン会場全体からいえばパレの約六分の一、外国に割り振られた面積からいえば約三分の一を占める大掛かりなものであるが、そのうちの二〇パーセントはイギリス植民地の産品の展示に当てられている。つまり、基本的には、イギリスのオリエンタリズムは、一八五一年のロンドン万博のときとまったく同様に、「物産のオリエンタリズム」に終始しているのである。そこには、人間の想像力に訴えようとする姿勢は微塵も見られない。植民地は植民地であり、あくまで本国の産業を物質的な面から補助するという役割しか担わされていない。

ではフランスの植民地はどうか。こちらは、メイン会場のパレのフランスコーナーの一角に、主としてアルジェリアの産物が展示されているが、その比率はフランス全体からいったら、二パーセントがせいぜいといったところであり、イギリス植民地の比ではない。

これは何を意味するのか。ひとつだけ確実にいえることは、フランスのオリエンタリズムは、いささかも「物産のオリエンタリズム」ではないということである。

それでは、フランスのオリエンタリズムは、いったいどのような形態を取って外在化しているというのか？

パヴィリオンである。そう、「イギリス・オリエント区画」に点在する非ヨーロッパ諸国のパヴィリオンこそがフランス・オリエンタリズムの表象となっていたのである。

ただ、一八六七年の万博の非ヨーロッパ諸国のパヴィリオンがフランス・オリエンタリズムの表象となっているとしても、それはいくつかの異なる位相においてである。

①まず、それらがいずれも、「植民地として渇望されてはいるが、まだ植民地にはなっていない国々」のパヴィリオンであることが条件となる。フランス・オリエンタリズムは、すでに所有してしまった植民地に対しては発動されないものらしい。フランスの帝国主義的夢想の対象となるのは、未所有の国だけである。

②パヴィリオンの内部には、産物の展示がほとんどなされていないことに注目したい。パヴィリオンは、内部に展示した産物によってでなく、パヴィリオンそのものによってオリエンタリズムをかきたてるようにできている。つまり、パヴィリオンそれ自体がフランス・オリエンタリズムの表象であり、産物が表象なのではない。これは、植民地というものに対するフランスの帝国主義の性質をかなりの程度まで反映している。歴史家の言葉はこの点を裏付けている。

アルジェリアなどの北アフリカをのぞけば、フランス植民地は、本国の工業製品のはけ口としてはとるに足らない存在だった。また資本輸出の観点からみても、フランス植民地の意義はそれほど大きくはなかった。ヘルバート・フェイスによれば、一九一四年時点でフランスの累積投資総額は、四五〇億フランにのぼるが、植民地への投資額はその八・八パーセントにしかすぎない。これは、イギリスのそれが四七・三パーセントであるのと比較すれば、いかにも小さかった。このようにフランスの植民地主義は、イギリスのそれとは明確にことなる性格だったといえる。イギリス資本主義における植民地は、インド経営に端的に示されているように、再生産循環の重要な一環、すなわち、過剰生産のはけ口であり、同時に銀行・証券資本の直接・間接の投資機会であったが、フランスの植民地はこうした経済的意義は小さく、むしろ大英帝国やドイツ帝国など帝国主義列強による領土分割を阻止するという、政治的野望の発露であった。

（『フランス史3』権上康雄・大森弘喜　山川出版社）

つまり、万博におけるフランス・オリエンタリズムは、フランスの植民地主義が、植民地の産物ではなく、植民地そのものを所有したがるのと同じように、その国の産物ではなく、その国の表象であるパヴィリオンそれ自体にむかって解き放たれるのである。

③パヴィリオンの内部に、産物はなくとも、人がいて生活をしていることが重要である。つまり、パヴィリオンの中には、その国特有の生活様式と風俗を示すために、現地から連

れてこられた現地の人間が配置されるように配慮されていたが、これは、第一に、フランスのオリエンタリズムが「風俗のオリエンタリズム」であることを物語っている。

さらに、それは、フランスのオリエンタリズムが「人種的なオリエンタリズム」であることも証明している。一八五一年のロンドン万博と一八五五年のパリ万博までは、博覧会は「事物の博覧会」にとどまっていたが、一八六七年のパリ万博からは「人種の博覧会」にまで拡大された。しかも、その「人種博覧会」は、もっぱら非ヨーロッパ諸国のパヴィリオンに限られていたのである。日本のパヴィリオンでは、三人の柳橋の芸者が「展示」され、中国のパヴィリオンでは「巨人と小人」が「陳列」された。

これは、イギリス的な「物産のオリエンタリズム」にはなかった特徴である。イギリス人は、万博にインド人やアフリカ人を連れてきて展示しようという発想はもたなかった。

これは何を意味しているのだろうか。イギリスのオリエンタリズムは非人種差別的で、フランスのオリエンタリズムは人種差別的だということか。そんなはずはない。人種差別的という点では、どちらのオリエンタリズムも変わりない。というよりも、人種差別的でないオリエンタリズムなどは存在しない。それはオリエンタリズムの裏返しであるオクシデンタリズムも人種差別的であるのと同じことだ。

では、フランスのオリエンタリズムが、具体的なオリエンタルたち、つまり非ヨーロッパ諸国の「人間の展示」を求めたのはなんのためか？

思うにそれは、フランスのオリエンタリズムというもの、ひいてはフランス的想像力というものが、空間と時間の中に定位された具体的な人間というものを媒介にしてしか発動されない性質のものだからではなかろうか。

フランス人というのは、一般的にいって、決して想像力の豊かな国民ではない。というよりも、むしろ想像力が極端に乏しい国民に属する。もともと国土が豊かなため、海外雄飛といった「外に向けての想像力」に欠け、ともすれば中華思想に陥りがちである。

したがって、こうした国民に植民地獲得のための夢想、つまりオリエンタリズムをかきたてるには、イギリスの万博におけるように、たんにその植民地の産物の素晴らしさを示してやっただけでは足りない。その植民地、あるいは植民地の候補地が、獲得すべき「地上のパラダイス」であるといってやる必要がある。しかも、もっとも具体的な形で。つまり現地人の生活つきでということである。フランスの万博において、エキゾチスムを誘うパヴィリオンに、地上楽園的な怠惰で官能的な生活のリズムで暮らす現地人が配されている理由は、まさにここにある。

この意味において、フランスが、ある植民地を獲得した理由を説明するとなったら、その土地の産物の豊かさを引き合いに出すよりも、その土地の「地上楽園」的性格に拠るほうがたやすいかもしれない。少なくとも、オリエンタリズムという国民的なイマジネールの位相においては、フランスの植民地というのは、すべからく、ヴァカンスの候補地として選ばれているといっても決していいすぎではないのである。

この指摘が、それほど的をはずしたものでないことは、一八八九年の第四回目のパリ万博を一瞥するだけで容易に理解できる。一八七八年の第三回パリ万博は、一八六七年の万博があまりに大衆に迎合しすぎたという理由から、エキゾチスムやオリエンタリズムの要素をすべて排除した禁欲的な万博なので参考にならないが、一八八九年の第四回パリ万博は、ふたたび一八六七年の原則に立ち返ったうえで、さらに一段と規模を拡大しているので、一八六七年に観察されたフランス・オリエンタリズムの特徴はすべて反復されている。

ただ、ひとつだけ、おおいに異なっているのは、一八六七年のオリエンタリズムが「まだ所有されていない植民地」に対して発動されたのに対し、一八八九年のそれは「すでに所有されている植民地」に向けられているという点である。

では、なぜ、すでに獲得されている植民地にオリエンタリズムが振り向けられる必要があったのか。それは、ジュール・フェリーによって代表されるオポルチュニスト党の植民地拡大政策が、投資効率が悪すぎるという理由で、対独報復派をはじめとする反体制勢力から激しい批判を浴びたためである。

オポルチュニスト党は、国威発揚型の植民地主義に根拠を与えるため、ルロワ＝ボーリユーの唱える「文明化の使命」、つまり未開の地を植民地にするのはフランス文明の分け前を与えて彼らを幸福にするためだという理念を掲げていたが、ブーランジェ将軍率いる反体制運動が高まって、「文明化の使命」だけでは反対派を説得できないと見るや、ふたたび、万国博覧会を利用して「植民地＝地上の楽園」の図式に基づくオリエンタリズムを復活させる方針を打ち出したのである。

一八八九年の万国博覧会で、アンヴァリッドの前庭のエスプラナードに設けられたフランス植民地のコーナーは、こうしたフランスのオリエンタリズムの本質を見事に裏書きしたものである。

まず、そのパヴィリオンであるが、モール風の白壁を陽光に輝かせているアルジェリア館、赤と緑のタイルで壁を覆ったチュニジア館、中国風の尖った屋根に朱塗りの柱をあしらった派手なアンナン・トンキン館、中庭に井戸を配したコーチシナ館、それにアンコール・ワットを模したカンボジア館、アジア・アフリカ・オセアニア・アメリカのフランス植民地の建築様式を総合したと称する植民地中央館など、いずれも、現地に住むフランス人の建築家がその植民地の伝統的ないくつかの建物の様式をさまざまに取り入れて造った折衷様式の建造物で、さながら観光案内所のパンフレットのように、植民地の魅力的な部分だけをピックアップして、これを、想像力の少ないフランスの民衆にも理解できるように口当たりよくまとめた「旅へのいざない」型のパヴィリオンであった。

パヴィリオンがそうであれば、そこに展示されている風俗習慣もまた「地上楽園」的な雰囲気を漂わせていた。ありとあらゆる物産の展示という万博初期の理念はもはやあとかたもなく消えうせ、そのかわりに、怠惰で官能的なピトレスクな、ヴィクトル・ユゴーの『東方詩集』やドラクロアかアングルの絵画にでも出てきそうな紋切り型の植民地の風俗習慣だけが、民族衣装に身をくるんだ現地人の実演つきで展示されていた。

そのいっぽうで、「文明化の使命」というフランス植民地主義の大義名分を絵解きにしたような展示もしっかりと用意されていた。ヴィラージュ・セネガレ（セネガルの村）、ヴィラージュ・カナック（カナックの村）などという名前がつけられた囲いの中に、セネガルやニュー・カレドニアなどの現地人の原始的村落を、村民つきでそのまま再現したものがそれである。村民はもちろん現地から村落ごと博覧会場に連れてこられ、動物園の動物と同じようなレベルで展示されていたのである。この「ヴィラージュ」は、オリエンタルな夢想を誘うための装置というよりも、やはり未開の国の原始的生活を示して「文明化の使命」をフランス人に喚起するという目的にそったものだった。こちらは、フランスこそが「地上の楽園」であることを民衆に教育する装置だったともいえるだろう。

このように、一八八九年万博の植民地コーナーに現われたフランス・オリエンタリズムは、「地上の楽園」が彼我のどちらがわにあるかという力点の置き方の違いはあるにしても、いちように、その想像力のベクトルを、植民地の物産ではなく、そこの住民の生活と住居というもの、つまり、植民地風俗というものに向けていることがわかる。つまりフランス・オリエンタリズムは、たしかに植民地主義の反映ではあるのだが、その植民地主義自体が、イギリスのそれとは異なり、搾取額よりも投資額のほうが多い「道楽としての植民地経営」だったために、その夢想の核を、植民地風俗とのイマジネールなレベルでの接触に求めて、自らの想像力を鼓舞してやらなければならなかったのである。

今日、ヴァカンスをインドで過ごそうと考えるイギリス人はいないが、マグレブ諸国やインドシナにヴィラを構えたいと願うフランス人は掃いて捨てるほどいる。数度の万博によってつくりだされたフランス・オリエンタリズムは今日もなおフランス人の想像力を捉えているのである。

ＦＩＦＡの系譜を読む

現在、世界中でひろく採用されている理念とか制度といったものは、ある種の伝播のパターンのようなものをもっているような気がする。すなわち、まずイギリスで誕生し、ある程度の成熟を遂げたあと、フランスに伝わって観念化という「加工」を受けて理念や制度として公認される。そしてそのあと、あたかも人類普遍の理念や制度であるかの如くに喧伝されて、世界中にひろまっていくのである。

その典型が「自由・平等・友愛」の標語である。これはイギリスの清教徒革命に端を発したものだが、これがモンテスキューなどの思想家によってフランスに輸入され、そこで高尚な理念にまで高められてフランス革命へと結晶し、やがて人類共通の理想として認められるに至ったのである。

同じように、オリンピックもまた、イギリスのラグビー校の校長トマス・アーノルドのスポーツ理念に感激したフランスのピエール・ド・クーベルタンが、古代ギリシャのオリンピックを「世界平和のためのアマチュアリズムの祭典」として復活させ、ついに一八九六年に第一回ギリシャ大会の開催にまでこぎつけたものである。

このほか万国博覧会、衛生思想など、この伝播パターンに従っているものは少なくない。パリ大会への日本チームの出場で、最近にわかに日本人の関心を呼び起こしているサッカーのワールドカップもこの例外ではない。現在ではジュール・リメ杯という名称を除くと、フランスにかかわる部分はほとんど払拭されているので気づかないが、この制度もまたイギリス→フランス→世界という伝播パターンにいたって忠実なのである。

中世イギリスの無秩序なボール蹴り遊びに始まったサッカーは、トマス・アーノルドの唱導によって上流階級のスポーツへと高められたあと、一八六三年結成のフットボール・アソシエーション（FA）による組織化で国民的スポーツとして定着したが、一八七〇年代には工場条令の制定で土曜の半ドンを獲得した労働者が余暇をサッカーに費やすようになったことなどから、次第に大衆スポーツへと変身を遂げ、同時に大英帝国の発展と共に、世界的なスポーツへと成長していった。

大陸のサッカーの普及は、まずイギリス人商人の進出が盛んだったオーストリア、およびオランダとドイツ、それにフランスのル・アーブルで一八七〇年代に始まり、次いで一八八〇年代にイタリア、ハンガリー、北欧などがサッカー愛好国の仲間入りをした。

いっぽうヨーロッパ大陸以外では、ユニオンジャックの旗のひるがえるイギリス植民地はもちろんのこと、フランスやイタリアなどから移民が大挙して押し寄せた南米にも広まった。なかでもアルゼンチンとウルグアイには強力なサッカー・クラブが次々に誕生した。

この事情はブラジルでも同じだったが、この国では一八八八年にイザベル摂政王女が奴隷解放令を発したことがサッカーの普及におおいに貢献した。解放された黒人奴隷は、その生きがいをサッカーの中に見いだしたからである。

こうして、一九〇〇年の世紀の変わり目を迎える頃には、アジアと北アメリカを除く世界中の国々で、サッカーはもっとも人気あるスポーツとなっていた。

一九〇〇年にパリで開かれた第二回オリンピック大会には、サッカーも競技種目として加えられた。ただ、このときは、オリンピック自体がまったく不人気で、万国博覧会の陰で寂しく行われていたこともあって、サッカー関係者はこのイベントを重視するという発想はもたなかったし、またクーベルタンのほうでもプロ選手の多いサッカーを種目に加えることには難色を示したので、オリンピックとサッカーはいまひとつそりが合わなかった。

おそらく、こんな事情があったためだろう、ベルギーの貴族ボルゾイ伯爵が、サッカーの世界選手権の開催を思い立ち、一九〇二年に、オランダのサッカー・クラブの理事長だったヒルシュマンに相談をもちかけたのは。

ヒルシュマンは大いにこの提案が気に入り、さっそくロンドンのFAに国際サッカー連盟の結成を呼びかけたが、FAの役員たちは、ヨーロッパのサッカーの水準がまだ赤ん坊の段階だと思いこんでいたので、ほとんどこれを無視する態度に出た。

だが、ヒルシュマンはあきらめなかった。今度は、フランス体育連盟（USFSA）の会長ロベール・ゲランに連絡を取って、こちらからFAに折衝を行わせた。しかし、FAの返答はただ「FA評議会はそのような連盟に価値を見いだすことはできません」というそっけないものだった。

そこで、ゲランはイギリス人の保守性に見切りをつけ、一九〇四年の五月二十一日、パリのUSFSAの本部で、フランス、ベルギー、オランダ、スイス、スウェーデン、デンマークの六カ国のサッカー協会、それにスペインのCFバルセロナの代表を集めて、国際サッカー連盟（FIFA）の設立を決めた。ゲランとヒルシュマンは、それぞれ会長と副会長に選ばれた。

ヒルシュマンはFIFAの会議で世界選手権の早期開催を主張するとともに、規約に、のちに決定的な役割を果たすことになる次の条項を付け加えさせた。

「サッカー世界選手権開催の権利は、ＦＩＦＡだけがこれを所有する」

一九〇五年にはＦＩＦＡの加盟国は十五カ国に増えたが、イギリスのＦＡは、世界選手権の開催よりも、規則の統一が先決だと主張し、イギリスと大陸のサッカー水準は差が大きすぎることを思い知らせようとした。

しかし、その反面、イギリスは国際サッカーの主導権を奪われることを恐れていたので、ＦＩＦＡに加盟はしたが、あまりにもサッカー発祥国のプライドが高すぎたため、国際大会には一貫して反対の態度を取り続けた。そのため、第一次世界大戦のあと、ドイツ、オーストリア、ハンガリーなどの敗戦国をＦＩＦＡから除名せよという主張が容れられないとみるや、ただちにＦＩＦＡ脱退を宣言した。脱退の裏には、自国のサッカーがプロ化の弊害が出て実力が低下していたのに対して、大陸チームがイギリス人コーチの指導よろしきを得て、イギリスに肩を並べられるまでに成長していたことへの警戒心が働いていたといわれる。

実力がアップしたのはヨーロッパだけではなかった。南米勢が急速に台頭し、一九二四年のパリ五輪と一九二八年のアムステルダム五輪では、ウルグアイが見事、二度続けて金メダルを獲得していた。いよいよ各国の実力が伯仲し、国際規模の大会に内実が加わってきたのである。

ところが、ここでひとつの問題が起こった。アムステルダム五輪でＩＯＣが各国のサッカー選手のアマチュア資格に疑惑の目を向けるようになり、次のロサンゼルス大会からは、サッカーを五輪種目から外すと発表したのである。実は、これまでヨーロッパで開かれたオリンピックではサッカーによって入場者の大半を動員してきたため、ＩＯＣはサッカーを外すことはできなかったのだが、サッカーの盛んでないアメリカの大会なら入場者に影響はでないだろうと踏んだのである。

この決定に驚いたＦＩＦＡは、アムステルダム五輪終了直後に総会を開き、一九三〇年から四年ごとに、プロ・アマを問わぬ各国一チームの代表による国際大会を開催することを決議した。国際大会の名称はワールドカップとすることに決まった。

このワールドカップ創設にあずかって力あったのはＦＩＦＡ会長のフランス人ジュール・リメとその片腕のアンリ・ドロネーだった。二人は、精力的に各国代表と交渉して、ワールドカップの開催にこぎつけたのだが、第一回大会をどこで開くかという議題になったとたん、どの国も急に尻込みした。というのも、会計担当理事から、ワールドカップ開催に伴う費用は、参加国の選手・役員すべてを含めて、開催国の負担として、赤字の場合の責任も開催国にあるという案が提出され、可決されていたからである。

それでも、イタリア、スペイン、スウェーデン、オランダ、さらにウルグアイが名乗りをあげた。この中でウルグアイの立候補は会場に驚きの声を引き起こした。というのも、まだ汽船で大西洋を横断しなければならない時代に、こんな南米の小国が開催能力をもっているとは信じられなかったからである。

だが、会場の驚きをものともせず、ウルグアイ代表ブエロ氏は、自分たちはすでにオリンピックで二度金メダルを取った実力国であるばかりか、一九三〇年は、ウルグアイ建国百年に当たるので、すでに参加選手を運ぶための汽船の購入を決定したこと、そして十万人収容のスタジアムを建設する準備を進めていることを発表して、熱烈な演説をぶった。会場は一瞬静まりかえったあと、嵐のような拍手に包まれた。こうして、名誉あるワールドカップ第一回開催国はウルグアイに決定した。

しかし、参加申し込み期限になっても、ヨーロッパからの参加申し込みはブエロ氏の手元に一つも届かなかった。三カ月の長旅に選手を参加させることに、各国のクラブチームが及び腰になっていたのだ。

怒り心頭に発したブエロ氏は、ＦＩＦＡに再び乗り込み、ヨーロッパが裏切るなら我々のほうがワールドカップをボイコットする、ただし、これまでの費用はすべてＦＩＦＡが支払わなければならないと息巻いた。

この剣幕に驚いたリメとドロネーは、あわててヨーロッパ各国に連絡を取り、強く参加を要請した。おかげでＦＩＦＡ発祥の国、フランスがトップを切ってワールドカップへの参加を表明し、ルーマニア、ベルギー、ユーゴがこれに続いた。しかし、結局ヨーロッパからの参加はこの四カ国にとどまった。

それでも、ウルグアイのモンテヴィデオには、このほかに米国、メキシコ、ペルー、チリ、ボリビア、ブラジル、アルゼンチン、パラグアイそれにウルグアイの十三カ国が集まった。

大会は、審判の問題で大荒れになった。とりわけ、南米の審判の判定はすさまじく、アルゼンチン対フランスの試合では、0―1とリードされていたフランスが八十分にゴールを決めようとすると、ブラジル人審判が笛を吹いて試合を終わらせてしまうというような信じられない事件も起こった。

そんなこともあってか決勝はアルゼンチンとウルグアイの間で争われることとなった。アルゼンチンからは大挙して応援団がつめかけたが、声援むなしく、2―4でウルグアイがワールドカップ初の王座についた。

アルゼンチンの応援団はおとなしくウルグアイを立ち去ったが、船がブエノスアイレスに着くと、怒りが再燃したらしく、ウルグアイ領事館にデモ行進し、投石を始めた。結局、これが原因となって、両国は国交を断絶することとなったのである。

とはいえ、大会そのものは大成功で、FIFAに純益の十パーセントを支払ったのちにも、ウルグアイの手に十万ドルが残った。これによって、ワールドカップは儲かるという神話ができあがった。

こうして、イギリスに始まったサッカーは、フランス人ジュール・リメの努力とウルグアイの勇気によってワールドカップへと結実し、世界的スポーツへの飛躍を勝ち取ったのである。

集団の夢の行方――ニューヨーク

トンボ・メガネをかけたジャン＝ポール・ベルモンドが、アメリカ海軍将校の帽子をあみだに被り、コカ・コーラをラッパ飲みしながら、いかにもフランス人が英語のアクセントを真似た感じで「ニュウ・ヨォウク」と唇を歪めてつぶやく「気狂いピエロ」の爆笑場面は、学生時代の私の物真似の十八番《おはこ》だった。そのせいか、いまでも、ニューヨークという言葉を聞くと、マンハッタンの夜景よりも、まずベルモンドのあの声が耳元にこだまする。これは、とりもなおさず、私の中のニューヨークのイメージがほとんどゼロに等しかったということを意味している。なによりもパリを愛する私のようなフランスかぶれにとって、ニューヨークという都市は、一方を愛するためにわけもなくもう一方を憎まなければならない仮想敵のようなものだったのである。そのため、ヘンリー・ミラーが『北回帰線』の中で「パリに春がくるとき、この世の最も卑賤な生きものですら天国に住んでいるような気がするにちがいない」といったあとで、「ニューヨークは金持にさえ自分がつまらぬものだという感じをもたせる」と断定するのを読み、ニューヨークに一度も行ったことがないにもかかわらず、そうにちがいないとしきりに相槌をうっていた。

ところが、ここにきて少し考えが変わった。それはベンヤミンの『パサージュ論』を読むうちに、都市における集団の夢というものに興味をもつようになったためである。

ベンヤミンによると、十九世紀というのは、個人の意識はめざめて活動しているのに、集団の意識は深い眠りに入って夢を見ている時代であり、その夢のかたちがパリのパサージュ（アーケードの商店街）やデパートといった初期の鉄骨建築に典型的にあらわれているという。なぜなら、十九世紀においては、テクノロジーが優位に立ち機能性の論理を押しつけてきているにもかかわらず、集団的意識は、機能性という要因を恥ずかしいものに感じて、ファサードを石で覆って装飾性を前面に押しだす道を選んだが、その過程が、あたかも夢見る人間がおのれの本能の直接的噴出を恐れてこれにカモフラージュを施すのに似ていたからである。

しかしながら、一九一四年の第一次世界大戦で、人々は、突然のように夢からさめる。武器の機能性のみが幅をきかす戦争が、装飾性という余計な要素を駆逐してしまったからである。以後、パリには集団の夢のあらわれとしての新しい建物はまったく建てられなく

第一次世界大戦で覚醒を迎えたヨーロッパの「集団の夢」は、パリを離れ、ニューヨークに居を定める。アール・デコの摩天楼が資本主義の王様たちの「王冠」の夢を生み出すと同時に、それに憧れる民衆は、ブルックリン・ブリッジからマンハッタンを遠望する。(『ニューヨーク・フラッシュバックス』より)

なる。集団の夢はパリを離れて別の場所に移っていったのである。

では、その集団の夢は、いったいどこに行ってしまったのか？　十九世紀末に機能主義的な摩天楼が最初に誕生したシカゴか？　いや、ちがう。シカゴの摩天楼は、ほとんどがオフィス・ビルだったので、集団の意識は夢を見る余裕をもつことはできなかった。建築評論家の飯島洋一氏はこういっている。

摩天楼のルーツは、前章でも述べたようにシカゴにあった。ただビジネスの街シカゴの摩天楼は実利主義的なものであって、それゆえにサリバンのような機能主義が歓迎された。しかしそれも今世紀の初頭にブームがニューヨークに移ると、摩天楼のスタイルもファッショナブルなものに変貌してゆく。実利ではなく、遊戯的ともいえる高さ争いとアール・デコの装飾は、二〇年代から二九年の大恐慌までの間、驚くべき勢いでヒートアップしていくのである。

(アサヒグラフ別冊『シリーズ二〇世紀3　都市』)

そうなのだ！　十九世紀の首都パリのパサージュで紡がれていた集団の夢は、二十世紀に入ってからは、新しい消費都市ニューヨークのアール・デコの摩天楼へと引き継がれ、そこで大きく花開いたのである。とするならば、ニューヨークにはパリの夢の続きとしての「なにか」があるはずである。パリ・フリークスとしては、この二つの夢の繋がりの痕跡を探らないわけにはいかない。

ＪＦＫ空港でひろったタクシーがブルックリン橋を渡ろうとしていたとき、突然、マンハッタンの全景があらわれた。手前にはクライスラー・ビル、向こうにエンパイアー・ステイト・ビルの頂上が冬の朝日を浴びて輝いている。この瞬間、直感的に、ニューヨークの集団の夢の本質がなんであるか理解できたような気がした。それをあえて簡単な言葉にしてみると、ニューヨークの夢とは、「資本主義の王様たちの紡ぎだした王冠の夢」ということになるのではないか。なぜかといえば、自動車王、石油王、銀行王、保険王などど無数のニューヨークの王様たちが、「おれのほうが大きいぞ」と、高さを競うようにして建てた摩天楼は、ファサードではなく、ビルの頂上すなわち「王冠」にしか、その装飾性を発揮しえない構造になっていたからだ。一九一六年のゾーニング法によって、頂上にいくに従って容積を縮小せざるをえなかったことが、さらに「王冠」への志向を強めた。

この直感は、タクシーが滞在ホテルであるニューヨーク・ヒルトンの前に横づけになったときに確信に変わった。地上に立って見上げたのでは、ファサードの区分がほとんどつかないのに対して、ホテル最上階から眺めると、それぞれの摩天楼の頂上が、その思い思いの意匠で「王冠の夢」を競い合っているからだ。ニューヨークは王冠としての摩天楼都市なのだ。

おっと、着いたばかりなのにいきなり結論を出すとは、いくらなんでもせっかちすぎる。それに第一、ニューヨークにやってきたのは、集団の夢がパリからニューヨークに移行する過程で、どのように変貌を遂げたのか、その痕跡を追うことにあったのだから、一挙に、話を夢の帰結にまでもっていってしまうのは危険である。まずは、集団の夢の接点がどこにあるかを探らなければならない。

集団の夢の第一の接点、それは意外なところにあった。しかも、王冠の中にである。到着の翌日、旅行はすべからくお上りさんの定番を踏襲すべしとの信念に基づいて、リバティー島にある自由の女神像の体内に入って王冠まで階段を上ろうとしたとき、不思議な既視感覚に襲われた。フランスの彫刻家バルトルディ作の自由の女神像を支えるこの骨組構造は、たしかにどこかで見たことがある。エッフェル塔とボン・マルシェ・デパートのホールを真下から見上げたときの印象と似ている。そう思って『ミシュラン・グリーンガイド』を開くと、こんなことが記されていた。

一八七四年、バルトルディは像の制作に取り掛かった。（中略）いよいよ決定作に挑む段になって、この大彫像を支える骨組の制作を最初ヴィオレ・ル・デュックに依頼した。しかしル・デュックが一八七九年に亡くなったため、バルトルディは天才的なフランス人技師ギュスターヴ・エッフェルの経験と知識を借りることになった。のちにエッフェル塔の建設者となるエッフェルは、一八八〇年代の高層ビルの建築技術を先触れするような形で、鉄と鋼鉄の複雑な骨組を設計した。この骨組に、女神像の皮膚となる三百枚あまりの銅板（厚さ二・五ミリ）が取り付けられた。

やはりそうだったのだ。一八七〇年代からデパートの鉄骨やエッフェル塔を設計して、パリの集団の夢を紡ぎ出すのにひと役買ったギュスターヴ・エッフェルが、自由の女神像の骨組も作っていたのだ。そして、この自由の女神像が、難産のすえ、一八八五年に、フランス国民からの贈り物として二百二十個の木箱に詰められてルーアンを出港し一カ月後ニューヨークに着いたとき、おそらく集団の夢も木箱に入ってフランスからアメリカへと運ばれたにちがいない。

しかし、いくら集団の夢が建築様式にあらわれるからといって、その夢を形成する集団が存在しなければ、摩天楼もマンハッタンに建つはずもない。

二十世紀の始め、ニューヨーク湾に入港してきた移民船が、エリス島の入国管理事務所に向かうとき、左手に威容を増してくる自由の女神を見つめていた移民たちは、対岸のマンハッタンに目を転じて、いまに見ておれ、あそこにこの自由の女神にも劣らぬ高さの王宮を建ててやると心に誓ったにちがいない。そういえば、たしかに自由の女神像は、右手で松明《たいまつ》を高く掲げ、「より天高く」と移民たちを叱咤激励しているように見える。摩天楼は自由の女神像によって鼓舞されたこうした移民たちの集団の夢の帰結なのである。

現在、移民博物館になっているこのエリス島の中央ビルの一階には、移民たちの残したトランクが展示されているが、そのひとつにはこんな文字が記されている。Maria Schmidt ANTWERPEN。おそらく、ベルギーのアントワープから蒸気船に乗ったフランドル人移民のマリア・シュミットは、エリス島で入国検査を受けたあと、マンハッタンのグランド・セントラル駅から汽車に乗って夫あるいは恋人ないしは父の住む地域に移住していったのだろう。

とするならば、グランド・セントラル駅こそは、彼ら移民にとって、大西洋という巨大なカッコを間に挟んで、ヨーロッパ各国の中央駅と間接的につながる接点ということになる。ヨーロッパの集団の夢とアメリカの集団の夢を結んでいたミッシング・リングを探すとしたら、それはこの巨大なボザール（Beaux Arts）様式の鉄道駅の構内以外にはない。

東四十二丁目からグランド・セントラル駅のファサードを眺めてみる。クータン作の「運輸」と題した彫刻は、アメリカのシンボルであるワシと親しむマーキュリー（商業の神）、ヘラクレス（肉体的エネルギー）、ミネルバ（知的エネルギー）をあらわしたものであるというが、その彫刻以上に、この駅全体がアメリカの集団的夢におけるその特権的な位置を象徴している。パリの美術学校（エコール・デ・ボザール）を卒業したアメリカ人建築家たちによって生み出されたこのボザール様式そのものが、まさにアメリカン・ドリームの表現にほかならないからだ。ボザール様式というのは、元来、技術者に対する建築家の優位を示すためにエコール・デ・ボザールが採用した古典主義建築のはずで、外面の装飾性が内部の機能性を覆いかくすという点において典型的なパリの集団の夢をあらわしていた。ところがこの様式がアメリカにもたらされると、技術（機能性）への恥じらいという要素は消え、むしろ、ヘラクレス的な巨大なものへの強い希求から、技術を積極的に味方にした新しい装飾性を追求しようという方向が生み出されることになる。これがアメリカン・ボザールであり、アメリカの集団の夢の原型なのである。

そのせいか、一九一三年という象徴的な年に開業したこのグランド・セントラル駅の巨大なコンコースに立って、あわただしく行き交う人の群れを眺めていると、まだ若くて希望に満ちていた頃のアメリカの集団の夢が巨大なアーチ窓をスクリーンにして映し出されてくるような錯覚に捉えられる。おそらく、アントワープ出身のマリア・シュミットも同じ思いでこの場所に立っていたのだろう。

現在、グランド・セントラル駅の地下には、生ガキとロブスターを売り物にした人気のレストラン、オイスター・バーがある。ものは試しと、いかにもアメリカ的に大きくて嵩《かさ》のあるカキとロブスターに挑戦してみたが、思えば、この生ガキとロブスターという組み合わせは、ベルギーの港町オステンドの名物料理であり、この店もグランド・セントラル駅から地方に散っていったベルギーやオランダの移民が祖国の味を偲ぶために作ったものなのかもしれない。

それはさておき、ニューヨークにはアメリカン・ボザールの巨大な建物が市立図書館、メトロポリタン美術館、旧合衆国税関と相当な数あるが、この様式の特徴である巨大な空間への憧憬は表現様式がアール・デコ、モダニズムと変わっても確実に受け継がれた。その典型がロックフェラー・センターにあるラジオ・シティ・ミュージック・ホールである。

このラジオ・シティ・ミュージック・ホールは、アール・デコ様式の代表的建築といわれるが、とにかくバカでかいの一語につきる。劇場内部というのは写真に撮りにくいものなので、なかなか想像力が働かなかったのだが、その分、これはなんともうれしい不意打ちとあいなった。金張りの巨大シャンデリアの吊るされた大ホールも見事だし、昔の海軍の旭日旗のように半円を描いた舞台のほうに向かって直線が集まってゆくサンライズ模様の天井もすばらしい。アール・デコというのは工芸製品のような小さなものに限られると思っていた偏見がこれで崩れた。

だが、なんといっても楽しいのは、クリスマス・シーズンに限って上演されるサンタとザ・ロケッツ（ラインダンス・チーム）の「ラジオ・シティ・クリスマス・スペクタキュラー」だ。パリのミュージック・ホールにもラインダンサーのレヴューはあるが、これほどに大掛かりなものはないし、このようにクリスマス・シーズンを心の底から楽しむ観客も存在しない。これぞアメリカン・ドリーム。

巨大な劇場と、豪華絢爛たる舞台といえば、一九六六年にこけら落としをしたリンカーン・センターのメトロポリタン・オペラ・ハウスにとどめをさす。このモダニズム建築で聞くオペラは、パリ・オペラ座のそれとは、まったく別系統の発達を遂げたオペラのような気がするが、これもまたヨーロッパの「華麗」の伝統に「壮大」で対抗しようとするアメリカの集団的夢の帰結かもしれない。

ラインダンスとオペラで目と耳を楽しませて、パリの夢の続きをニューヨークで見ることに成功したら、今度は、舌と口蓋を楽しませてやるのが筋道である。どうせのことなら、食事のロケーションも夢の中を漂っているような場所にしたいものだ。

というわけで、選んだのが、ロックフェラーGEビル六十五階のレインボー・ルームとセント・レジス＝シェラトン・ホテルの最高級フランス料理店レスピナス。まず、レインボー・ルームのバーでマンハッタンの夜景を眼下に一望にしながらカクテルで食欲をそそったあと、次にニューヨークの大富豪ジョン＝ジェイコブ・アスターが一九〇四年に建てたボザール様式の豪華ホテルの一階にあるレスピナスで、『ニューヨーカー』のグルメ・ガイドが絶賛するフランス料理を堪能しようという趣向である。で、結果はどうだったかというと、これまでアメリカン・ドリームについて観察したのと同じ結論、つまりは「壮大にすぎる」という評価を献呈せざるをえない。レインボー・ルームのカクテルもレスピナスのフランス料理も味は申し分ないのだが、われわれ日本人にとっては量が多すぎる。これさえなければ、いうことはないのだが。

とはいえ、レスピナスで飲んだシャルム・シャンベルタンの九一年もののうまさは忘れられない。ブルゴーニュのことを英語ではバーガンディーと呼ぶことがフランス派の人間にはどうしても違和感が残るのだが、ワインはパリよりもかなり安いような気がする。現在、ワインの国際価格はニューヨークで決定されるといわれる。料理ではパリに、一籌《いっちゅう》を輸《ゆ》するものの、「ワインはニューヨーク」というのは決していいすぎではない。

しめくくりに、レスピナスの隣のキング・コール・バーで、食後酒《ディジェスティフ》としてブランデーを飲む。このバーにはかつてブロードウェイのニッカーボッカー・ホテルの壁面を飾っていたマックスフィールド・パリッシュの壁画が保存されていて雰囲気は最高。ここで恋人を落とせなかったら男ではない。

さて、オペラだワインだと浮かれているうちにどんどん日程が詰まってきたが、ふと重大なことをひとつ忘れているのに気づいた。愛書家を自認するこの私がまだニューヨークの古書店を訪れていないのだ。といっても、フランスの古書でないと食指が動かないたちなので、フランス古書を置いている店はないかとイエロー・ページをめくってみると、それらしき店の広告が何軒か載っている。私が名前を知っているのは有名なストランド書店しかない。

ブロードウェイのはずれにあるストランド書店は噂に聞いたとおり、たしかに巨大である。しかし、一階はパリのジベール・ジューヌのような新刊のゾッキ本売り場なので、三階の「稀覯《きこう》本」のコーナーに行ってみるが、ここもパリならC級のクズ本屋にすぎない。しかし、よく見ると、意外にフランス語の古書がある。ただこれはと思う本はやはりそれなりの値段がついている。うーん、どうも当たりが出ないな。これでは逆にストレスがたまってしまいそうだ。もっと、質のいいフランス古書を置いてある店はないものかと、リストを見ると、マジソン・アベニューのカールトン・ホテルの中に、ウルザス・ブックスという老舗がある。よし、たまには地下鉄を使ってウルザス・ブックスまで行ってみよう。

最近は、治安がよくなったのか、地下鉄もそれほど怖くはない。ウルザス・ブックスは、ホテルの二階にあるので少々見つけにくいが、内容はニューヨークで一番充実している。主人のピーター・クラウス氏がなんとも感じのいい人物で、おまけにフランス語に堪能なのでホッとした。ニューヨークでフランス語が通じたのはこれが初めてだ。

クラウス氏が出してくれた十九世紀フランス古書（ロマンチック本）はなかなかすごい顔触れで、中にのどから手の出るほどほしいグランヴィルの『現代風メタモルフォーズ』の初版（一八二九年、ビュラ書店）があったが、値段がいささか高すぎる。一瞬、フランで値段がついているのかと思ったほどだ。他のロマンチック本の値段つけもほぼ同じである。やはり、パリからニューヨークにくる過程で、価格が跳ね上がるのかと思ってクラウス氏に「仕入れはパリで行うのか」と尋ねたところ、意外な返事が返ってきた。フランス古書はすべてアメリカ国内、とくに東海岸で買い付けたものでパリには行かない。アメリカの資産家の遺産相続のさいに売りに出された蔵書がほとんどであるという。戦前のアメリカ人はフランスに強い憧れをもっていたので、フランスのロマンチック本を収集する愛書家がたくさんいたのだ。ストランド書店に思ったよりもフランスの古書があったのも、これで説明がつく。古書店の内容を見ることで、戦前のパリ—ニューヨークの密接な関係が浮かび上がってくる。おそらく、アール・デコ全盛の三十年代までは、豪華客船ノルマンディー号に乗ってパリから高価な古書がニューヨークに毎日のように届いていたのだろう。この関係が発見できたのは思わぬ収穫である。

だが、実際には、古書の収穫はなかったので、もう一軒フランス書のありそうな古書店に回ってみることにする。各国の元首御用達という超豪華なホテル、ウォルドーフ＝アストリアのロビーに支店を出しているアメリカ一の古書店ボーマン・レア・ブックスである。

ただ、ここは超高級店であることは確かだがフランスの古書は二万ドルという途方もない値段のついた『ボヴァリー夫人』の初版だけしか置いていない。やはり、ニューヨークでフランス古書を探すというのは無理な相談なのか。

もっとも、ここでの収穫は、古書でも古書店でもなく、ウォルドーフ＝アストリア・ホテルそれ自体だった。アール・デコの建物というのはパリにはほとんど存在しないので、絢爛豪華なアール・デコの内装というものを目にするのは事実上これが初めてだが、ロビーと三階の大広間の内装は目のくらむようなゴージャスさである。これまでアール・デコというのは、機能主義の発展したものとばかり思っていたが、このウォルドーフ＝アストリア・ホテルとクライスラー・ビルを見てからは、考えを修正せざるをえなくなった。

ようするに、ニューヨークのアール・デコ建築というのは、機能主義どころか、機械の幾何学模様を過剰なまでに横溢させた装飾的モダニズムであり、アメリカン・ボザールがフランス古典主義建築の極端化であるのと同様、フランス的アール・デコをアメリカ的に壮大化したモダン・バロックなのである。つまり、ここでも、パリの集団の夢がアメリカ的に肥大化して実体化している事実を確認できるわけである。十九世紀に夢見の状態に入った集団の意識は、シカゴでいったん目覚めるかと見えたが、ニューヨークのローリング20でふたたび深い眠りに陥り、アール・デコの摩天楼を夢の中で次々と建設していったのだ。

最後の夜、開店十五周年のブルー・ノートでマッコイ・タイナーを聞いたあと、ブルックリン・ブリッジのたもとにあるリヴァー・カフェでマンハッタンの夜景を眺めながら遅いディナーを取った。夜の闇の中に黄金色に光り輝くエンパイアー・ステイト・ビルの「王冠」を見たら、キング・コングならずとも、「ニューヨークよ、今度は俺とお前の差しの勝負だ！」と呟きたくなるにちがいない。そう思いながら、デザートに出たチョコレートのブルックリン・ブリッジをスプーンで叩きこわして頬ばった。

ニュウ・ヨォウク！

ニューヨーク！

あとがき

パリとフランスに関する文章を集めた本は、『パリ時間旅行』（筑摩書房）、『パリ世紀末パノラマ館』（角川春樹事務所）に続いて、これが三冊目である。

前二冊は自分で構成を考えたが、今回は、さまざまなメディアに載ったエッセイを一括して編集部の田辺美奈さんにお渡しし、どのような構成にすべきか考えてもらった。

そこで出てきたのが、最近の旅行ガイドブックのように《食べる・飲む》《歩く》《見る》《買う》などの動詞で括るというアイディアである。悪くないと思った。それどころか、そのときどきの注文で書いたエッセイがこうした動詞の項目にまとめられると、それぞれのエッセイが互いに反応しあって、予想しなかった求心力をもつような気がした。

ただ、問題は本のタイトルであった。なにかインパクトがあって覚えやすいタイトルはないかと知恵を絞ったが、なかなかいい案が浮かばない。そのとき、私が深い考えもなしに「《飲む》《かぐ》《歩く》《しのぶ》《買う》は五段活用の動詞だねえ」と呟くと、田辺さんが、「それ、行きましょう！」と叫んだ。「でも、《食べる》《くらべる》は下一段活用だし、《見る》は上一段活用だよ」と答えると、「まあ、そのことは置いといて、とにかく動詞とパリが結びつくということが読者にわかればいいのだから。それに第一、覚えやすいのがいい」とベテラン編集者らしいことをいう。

たしかに、「パリ」と「五段活用」と並べてみると、フランス人が裃をつけたようなアンバランスな感じは否めないが、シュルレアリスム的な意外な組み合わせの生むある種のインパクトはある。そういえば、パサージュの魅力を語った「シュルレエルな夢」というエッセイで、自分でもこの唐突《アンソリット》で曖昧《エキヴォック》な魅力こそ、パリの町歩きの本質だと指摘している。なら、この唐突なタイトルも案外この本の本質を衝いているかもしれない。というわけで、『パリ五段活用』。

限られた読者のメディアに発表されたエッセイが多いが、どれも愛着のあるものばかりである。こうして、広範な読者にお目にかけることができて大変うれしく思っている。

田辺美奈さん、ありがとう。それに、『パリ世紀末パノラマ館』『愛書狂』（角川春樹事務所）と引き続いてブックデザインを担当していただいた鈴木成一さんに感謝の言葉を伝えたい。

一九九八年七月二十一日

鹿島　茂

文庫版あとがき

私は、事実上の処女作である『馬車が買いたい！』の元になる原稿を一九八六年に書き始めたとき、舞台は十九世紀前半のパリであるにもかかわらず、あたかも自分がその時代の、その場所に身を置いて、体で空気を感じているように書きたいと思った。というのも、それまでに日本人の「パリもの」は、なぜか観念が先走って、「頭」ではパリを感じても、「体」はパリを感じていないような気がしたからだ。従来、こうした態度は、小説では許されても、歴史では認められなかったものだったが、私は自分が読んできた優れた歴史研究に鑑みて、過去のイメージを生き生きと蘇らせるには、対象とのこの種の距離の取り方が必要不可欠のものと判断したのである。

以来、何冊か出した「パリもの」では、こうした視点を取るように心掛けたつもりである。

本書もまた、この流れにつらなる一冊である。とりわけ、味覚、嗅覚、視覚など五感に関する章については、できる限り、自分の感覚のセンサーを全開にして、歴史の中の味や匂い、それに色彩などに焦点を当てるようにした。

今回、文庫化にあたっては、中央公論新社編集部の深田浩之さんと松本佳代子さんにお世話いただいた。この場を借りて、感謝の言葉を伝えたい。

また、文庫解説を無理矢理お願いした、日本一のパリ通、にむらじゅんこさんにも、心からの感謝をささげたい。

二〇〇三年三月一日

鹿島　茂

初出一覧

第一章　食べる・飲む

パリの朝は美味しい（『DISCOVERY』'94-'95年12・1月号　キャセイパシフィック機内誌）
味覚が世界を動かした――マリ・アントワネットの逸話をめぐって
（『COMMUNICATION』'96年8月号　NTT出版）
フランスパンの発明（『月刊アドバタイジング』'96年3月号　電通）
フランス人は美食家か？（『高校英語展望』'96年11月号　尚学図書）
ヨーロッパのひとびとと酒（『サントリークォータリー』'97年55号　サントリー）

第二章　かぐ

匂いの不意打ち（『マリ・クレール』'98年7月号　中央公論社）
王妃と香水（『GEO』'95年2月号　同朋舎　「もうひとつの水物語」改題）
香水の都の誕生――パリと匂いの近代（『FRONT』'96年9月号　財団法人リバーフロント整備センター）
嗅覚と社会的想像力（『GRAPHICATION』（グラフィケーション）』'89年6月　富士ゼロック

ス）

第三章　歩く

シュルレエルな夢——パサージュ（『太陽』'96年12月号　平凡社）
無用性の価値を愛すること——パレ・ロワイヤル（『ダイヤモンド・ビジネス・コンサルティング』'94年12月号　ダイヤモンド・ビジネス・コンサルティング）
花火、エフェメラの光芒——シャン・ド・マルス（『IS』'95年　69号　ポーラ文化研究所）

第四章　しのぶ

消えたパリの速達便（『月刊言語』'97年1月号　大修館書店）
彩色本の魅力（『GRAPHICATION』'96年6月号）
集団の意識と広告（『月刊アドバタイジング』'96年11月号）
モードと肉体（『モードのジャポニスム』'96年　京都服飾文化研究財団）

第五章　見る

リューマチが生んだ光の都（芸術新潮'94年10月号　新潮社）
海辺のリゾートの誕生（『マリ・クレールビス』'95年13号　中央公論社）

第六章　買う

万博と消費願望（『国際交流』'97年74号　国際交流基金　「万博風景のなかのパリの庶民たち」改題）
デパート文化（アエラムック『ファッション学の見方』'96年11月　朝日新聞社）
データベースとしてのデパート（『情報狂時代　達人たちが語る情報とのつきあい方』'96年5月　ジャストシステム）
イマジネールな消費（『流通産業』'96年4月　流通産業研究所）
ヴェルサイユ宮殿の神話（『青春と読書』'98年4月号　集英社）

第七章　くらべる

二つのオリエンタリズム――万博にみるフランスとイギリス（『大航海』'96年11月号　新書館）
ＦＩＦＡの系譜を読む（『月刊アドバタイジング』'95年5月号）
集団の夢の行方――ニューヨーク（『PLAYBOY』'97年3月号　集英社　『パリの達人、ニューヨークの王様になる』改題）

扉図版出典

第一章　食べる・飲む（「ワイングラス」『酒飲みの技法』より）
第二章　かぐ（「ゲルラン社の歴代香水びん」コレット・フェルー『ゲルラン』より）
第三章　歩く（撮影者不詳「パサージュ・ショワズール」）
第四章　しのぶ（ジュール・シェレ「テアトロファン」）
第五章　見る（撮影者不詳「ナダール写真館」）
第六章　買う（撮影者不詳「1900年パリ万博　芸術と科学館」）
第七章　くらべる（撮影者不詳「1900年パリ万博　電気館」）

解説——欲望解放都市

にむらじゅんこ

以前から思っていたのだが、もしかすると、都市というものは、遺伝子を持っているのかもしれない。一般には、「都市にうごめく人々の感情は社会に映し出される」と思われているが、実はその反対で、「都市が、抱擁している人々に感情を与えている」のではないのだろうか。ロンドンに長く住めば、ロンドンの遺伝子がいつの間にか移植されるように、パリに住めば、パリの遺伝子のようなものに伝染《うつ》って、知らず知らずのうちに性格も趣味も、顔つきでさえもパリジャニゼされていく。十数年パリに住んでいる私も、精神と身体のパリ化を身をもって体験したひとりだ。

やはり、都市というものは、単なる法的区域でも、共同体の集落でもなく、意志を持って生きている有機体なのであろう。しかも、人間は、誰もが母から生まれて死んでいく儚い存在にすぎないが、都市の寿命は長い。そこに生まれて来る人間の命も、死にゆく魂も、歴史的な一瞬の事件も、都市は、貪欲にもすべての時を吸収していく。こうしてモザイク状に時間の流れが重なりあったパリには、自我と世界、精神と肉体、存在と仮象、感性と理性、具体と抽象といった相反するものが螺旋状に巻かれており、それが万華鏡のように絡み合って、DNAさながら、唯一無二な独特な形を作り上げている。こうした複雑な生命体であるパリを、まるでひとりの女のように愛し続けているのが鹿島茂さんだ。鹿島さんは、気候や地理、生活様式、歴史的背景などの種々の要因が作り上げた、パリの風土病のようなものの偏愛者でいられる。

そんな鹿島さんは、本書『パリ五段活用』で、時間をx座標に、「食べる・飲む」「かぐ」「歩く」「しのぶ」「見る」「買う」などの動詞をy座標にして、パリという生命体の力学を解明してくださっている。その読みは透明で、ヴァルター・ベンヤミンのような鋭さに満ちており、優れた都市論であると同時に、文学論やメディア論的な示唆も多い。しかも、タイムトラベルの旅をしているような楽しい気分にもさせてくれる。

本書に挙げられた8つの動詞を通して改めてパリを眺めてみると、パリは、いつの時代にも人々の様々な欲求を満たしてきた懐の深い都市だったことがわかる。しかし、残念なことに、ユニークな美的感覚で皆を楽しませてきたこのパリは、現在、瀕死の状態にあるのだ。パリでさえ、文化グローバリゼーションの大波に飲み込まれ、何処にでもあるような商業都市になりつつあるのが現状なのである。鹿島さんや私の好きな「唐突《アンソリット》で曖昧《エキヴォック》なパリの魅力」は、年々消え失せている。

そこで、私は、鹿島さんに、次回の『パリ五段活用』の動詞リストには、「反抗する」という動詞を是非加えていただきたいと思う。Rebeller(ルベレ)、そしてRévolter(レヴォルテ)。

あまねく知りわたっているとおり、パリは、権力に逆らうことを人々にしばしば誘い導いてきた都市であり、フランス革命やレジスタンス、学生運動などの多くの反抗を引き起こしてきた。世界に「パリ」と称される都市は数あまたあるが、その中の多くの都市が、反骨的な遺伝子を、まるで精神的な母親から受け継いだかのように持っているのに注目したい。

例えば、「東洋のパリ」と称される上海。ここも言わずと知れた革命都市だった。パリコミューンを倣った「上海コミューン」なる革命自治体も上海には発足している。一八一〇年の五月革命で副王を退位させた「南のパリ」ブエノス・アイレスにも、脈々と流れるパリの遺伝子を見うけることができよう。経済が完全に崩壊してしまった現在、市民たちは資本主義を捨てて、自治体による物々交換経済を行っている。また、ロマノフ王朝が栄え、ロシア革命が勃発したサンクト・ペトルブルグがパリと呼ばれたのも、単に市街が美しかったという理由からではないだろう。

アメリカのイラク攻撃を批判する、断固としたあのフランスの自信と誇りも、ここに由来しているはずだ。無理に近代化を押し進め、平淡化しつつある現在のパリにも、やはり、こうした反抗精神は灯り続けている。

そんなパリの反抗精神の象徴的存在が、鹿島さんも大好きな、セーヌ河岸で本を売り続けるブキニストたちではないだろうか。「エスプリの商人」である彼らは、四世紀に亘ってこうしたパリの魂をつちかってきた。この国のデモクラシーも、自由な風潮も、ブキニストなしでは語ることはできない。言論の自由を求めて戦い、フランス革命へと人々を鼓舞し、パリジャンたちのレジスタンス精神を養ってきた彼らは、今でも、雪の降る日も、灼熱の日にも、パリの路上に本を並べ続ける。

「アナーキストじゃないとブキニストはやっていけないよ。第一、古本売りなんて儲からない仕事だし、安定なんて望めないし、定年もないから、死ぬまで皆こうやって空の下だ。ブキニストとは世間の流れと逆行していくことかもしれないな」。あるヴェテランのブキニストが語ってくれた台詞である。私の知人のファブリス君は、まだ二〇代だが、こうしたアナーキーなエスプリの商人たちに憧れて、自らもブキニストになった。「こうしたブキニストのエスプリをパリから絶対に消したくないから」と意気込む彼は、四七番地トゥルネル通りの正面にあるキオスクで、ミッシェル・ポロナレフのような格好をして、シチュアシォニスト（状況主義者）関連の本を売っている。

このようにして絶えず灯してきた炎は、自由への情熱であり、これこそ最も人間らしい欲望ではないだろうか。

欲望解放都市、パリ。

人間の欲望が多く集まっている都市には、その分だけ弊害も多い。でも、メトロに漂う悪臭も、自分勝手な車の運転も、高い犯罪率や少年非行率も、これらは、すべて、人間らしい欲望の裏返し。そう思えば、こうしたパリの欠点だって、愛らしく見えてくるはずだ。

『パリ五段活用』一九九八年十月　中央公論社刊

中公文庫

パリ五段活用《ごだんかつよう》
——時間《じかん》の迷宮都市《めいきゅうとし》を歩《ある》く

2003年4月25日　初版発行
2020年2月29日　3刷発行

著　者　鹿《か》島《しま》　茂《しげる》

発行者　松田陽三

発行所　中央公論新社
〒100-8152　東京都千代田区大手町1-7-1
電話　販売 03-5299-1730　編集 03-5299-1890
URL http://www.chuko.co.jp/

DTP　高木真木
印　刷　三晃印刷
製　本　小泉製本

Published by CHUOKORON-SHINSHA, INC.
Printed in Japan　ISBN978-4-12-204192-9 C1195

中公文庫既刊より

各書目の下段の数字はISBNコードです。978－4－12が省略してあります。

か-56-1
パリ時間旅行　鹿島　茂
オスマン改造以前、19世紀パリの原風景へと誘うエッセイ集。ボードレール、プルーストの時代のパリが鮮やかに甦る。図版多数収載。〈解説〉小川洋子
203459-4

か-56-2
明日は舞踏会　鹿島　茂
19世紀パリ、乙女たちの憧れは華やかな舞踏会！　フロベール、バルザックなどの作品を題材に、当時の女性の夢と現実を活写する。〈解説〉岸本葉子
203618-5

か-56-3
パリ・世紀末パノラマ館　エッフェル塔からチョコレートまで　鹿島　茂
19世紀末、先進、躍動、享楽、芸術、退廃が渦巻く幻想都市パリ。その風俗・事象の変遷を遍く紹介する魅惑の時間旅行。図版多数。〈解説〉竹宮惠子
203758-8

か-56-5
衝動買い日記　鹿島　茂
「えいっ！買った」。腹筋マシーン、猫の家から挿絵本まで全24アイテム……ムッシュウ・カシマの衝動買い顚末記。巻末に結果報告を付す。〈解説〉百瀬博教
204366-4

か-56-7
社長のためのマキアヴェリ入門　鹿島　茂
マキアヴェリの『君主論』の「君主」を「社長」と読み替えると超実践的なビジネス書になる！　現代の君主＝社長を支える実践的な知恵を引き出す。〈解説〉中條高徳
204738-9

か-56-8
クロワッサンとベレー帽　ふらんすモノ語り　鹿島　茂
「上等舶来」という言葉には外国への憧れが込められている。シロップ、コック帽などの舶来品のルーツを探るコラム、パリに関するエッセイを収録。〈解説〉俵　万智
204927-7

か-56-9
文学的パリガイド　鹿島　茂
24の観光地と24人の文学者を結ぶことで、パリの文学的トポグラフィが浮かび上がる。新しいパリが見つかる、鹿島流パリの歩き方。〈解説〉雨宮塔子
205182-9

か-56-10
パリの秘密
鹿島　茂
エッフェル塔、モンマルトルの丘から名もなき通りの片隅まで……時を経てなお、パリに満ちる秘密の香り。夢の名残を追って現代と過去を行き来する、瀟洒なエッセイ集。
205297-0

か-56-11
パリの異邦人
鹿島　茂
訪れる人に新しい生命を与え、人生を変えてしまう街——パリ。リルケ、ヘミングウェイ、オーウェルら、触媒都市・パリに魅せられた異邦人たちの肖像。
205483-7

か-56-12
昭和怪優伝　帰ってきた昭和脇役名画館
鹿島　茂
荒木一郎、岸田森、川地民夫、成田三樹夫……。今なお眼に焼き付いて離れない昭和の怪優十二人を、映画狂・鹿島茂が語り尽くす！　全邦画ファン、刮目せよ！
205850-7

か-56-13
パリの日本人
鹿島　茂
西園寺公望、成島柳北、原敬、獅子文六……。最盛期のパリを訪れた日本人が見たものとは？　文庫用に新たに「パリの昭和天皇」収録。〈解説〉森まゆみ
206206-1

か-56-14
ドーダの人、西郷隆盛
鹿島　茂
その明治維新、ちょっと待った！　きれいごとだけでは語れない歴史の真実を自己愛の視点で全て解明。あの西郷どんもたじたじ？〈特別対談〉片山杜秀
206636-6

フ-3-1
イタリア・ルネサンスの文化（上）
ブルクハルト
柴田治三郎 訳
歴史における人間個々人の価値を確信する文化史家ブルクハルトが、人間個性を謳い上げたイタリア・ルネサンスの血なまぐさい実相を精細に描きだす。
200101-5

フ-3-2
イタリア・ルネサンスの文化（下）
ブルクハルト
柴田治三郎 訳
本書はルネサンス文化の最初の総括的な叙述であり、同時代のイタリアにおける国家・社会・芸術などの全貌を精細に描き、二十世紀文明を鋭く透察している。
200110-7

モ-5-4
ローマの歴史
I・モンタネッリ
藤沢道郎 訳
古代ローマの起源から終焉までを、キケロ、カエサル、ネロら多彩な人物像が人間臭い魅力を発揮するドラマとして描き切った、無類に面白い歴史読物。
202601-8

各書目の下段の数字はISBNコードです。978－4－12が省略してあります。

モ-5-5
ルネサンスの歴史（上） 黄金世紀のイタリア
I・モンタネッリ
R・ジェルヴァーゾ
藤沢道郎 訳
古典の復活はルネサンスの一側面にすぎない。天才たちが活躍する社会的要因に注目し、史上最も華やかな時代を彩った人間群像を活写。〈解説〉澤井繁男
206283-5

モ-5-6
ルネサンスの歴史（下） 反宗教改革のイタリア
I・モンタネッリ
R・ジェルヴァーゾ
藤沢道郎 訳
政治・経済・文化に撩乱と咲き誇ったイタリアは、宗教改革と反宗教改革を分水嶺としてヨーロッパ史の主役から舞台装置へと転落する。〈解説〉澤井繁男
206283-2

と-21-1
パリからのおいしい話
戸塚真弓
料理にまつわるエピソード、フランス人の食の知恵など、パリ生活の豊かな体験をもとに〝暮らしの芸術〟としての家庭料理の魅力の全てを語りつくす。
202690-2

と-21-3
暮らしのアート 素敵な毎日のために
戸塚真弓
週に一度はごちそう作り、絹のスカーフは手洗いで、調味料こそ一級品を、布を使って模様替え…パリで学んだより快適で豊かな毎日のための〝衣食住の芸術〟。
203601-7

お-51-1
シュガータイム
小川洋子
わたしは奇妙な日記をつけ始めた——とめどない食欲に憑かれた女子学生のスタティックな日常、青春最後の日々を流れる透明な時間をデリケートに描く。
202086-3

お-51-2
寡黙な死骸 みだらな弔い
小川洋子
鞄職人は心臓を採寸し、内科医の白衣から秘密がこぼれ落ちる…時計塔のある街で紡がれる密やかで残酷な弔いの儀式。清冽な迷宮へと誘う連作短篇集。
204178-3

お-51-3
余白の愛
小川洋子
耳を病んだわたしの前に現れた速記者Y、その特別な指に惹かれたわたしが彼に求めたものは。記憶と現実の危ういはざまを行き来する、美しく幻想的な長編。
204379-4

お-51-4
完璧な病室
小川洋子
病に冒された弟と姉との最後の日々を描く表題作、海燕新人文学賞受賞のデビュー作「揚羽蝶が壊れる時」ほか、透きとおるほどに繊細な最初期の四短篇収録。
204443-2

お-51-5
ミーナの行進
小川洋子
美しくて、かよわくて、本を愛したミーナ。あなたとの思い出は、損なわれることがない――懐かしい時代に育まれた、ふたりの少女と、家族の物語。谷崎潤一郎賞受賞作。
205158-4

お-51-6
人質の朗読会
小川洋子
慎み深い拍手で始まる朗読会。耳を澄ませるのは人質たちと見張り役の犯人、そして……。しみじみと深く胸を打つ、祈りにも似た小説世界。〈解説〉佐藤隆太
205912-2

か-57-1
物語が、始まる
川上弘美
砂場で拾った〈雛型〉との不思議なラブ・ストーリーを描く表題作ほか、奇妙で、ユーモラスで、どこか哀しい四つの幻想譚。芥川賞作家の処女短篇集。
203495-2

か-57-2
神様
川上弘美
四季おりおりに現れる不思議な生き物たちとのふれあいと別れを描く、うららでせつない九つの物語。ドゥ・マゴ文学賞、女流文学賞受賞。
203905-6

か-57-3
あるようなないような
川上弘美
うつろいゆく季節の匂いが呼びさます懐かしい情景、ゆるやかに紡がれるうつつと幻のあわいの世界。じんわりとおかしみ漂う味わい深い第一エッセイ集。
204105-9

か-57-4
光ってみえるもの、あれは
川上弘美
いつだって〈ふつう〉なのに、なんだか不自由……。生きることへの小さな違和感を抱えた、江戸翠、十六歳の夏。みずみずしい青春と家族の物語。
204759-4

か-57-5
夜の公園
川上弘美
わたしいま、しあわせなのかな。寄り添っているのに、届かないのはなぜ。たゆたい、変わりゆく男女の関係をそれぞれの視点で描き、恋愛の現実に深く分け入る長篇。
205137-9

か-57-6
これでよろしくて?
川上弘美
主婦の菜月は女たちの奇妙な会合に誘われて……夫婦、嫁姑、同僚。人との関わりに戸惑いを覚える貴女に好適。コミカルで奥深いガールズトーク小説。
205703-6

各書目の下段の数字はISBNコードです。978－4－12が省略してあります。

よ-25-1
TUGUMI
吉本ばなな
病弱で生意気な美少女つぐみと海辺の故郷で過した最後の日々。二度とかえらない少女たちの輝かしい季節を描く切なく透明な物語。〈解説〉安原　顯
201883-9

よ-25-2
ハチ公の最後の恋人
吉本ばなな
祖母の予言通りに、インドから来た青年ハチと出会った私は、彼の「最後の恋人」になった……。約束された至高の恋。求め合う魂の邂逅を描く愛の物語。
203207-1

よ-25-3
ハネムーン
吉本ばなな
世界が私たちに恋をした——。別に一緒に暮らさなくても、二人がいる所はどこでも家だ……互いにしか癒せない孤独を抱えて歩き始めた恋人たちの物語。
203676-5

よ-25-4
海のふた
よしもとばなな
ふるさと西伊豆の小さな町は海も山も人もさびれてしまっていた。私はささやかな想いと夢を胸に大好きなかき氷屋を始めたが……。名嘉睦稔のカラー版画収録。
204697-9

よ-25-5
サウスポイント
よしもとばなな
初恋の少年に送った手紙の一節が、時を超えて私の耳に届いた。〈世界の果て〉で出会ったのは……。ハワイ島を舞台に、奇跡のような恋と魂の輝きを描いた物語。
205462-2

よ-25-6
小さな幸せ46こ
よしもとばなな
最悪の思い出もいつか最高になる。両親の死、家族や友との絆、食や旅の愉しみ。何気ない日常の中に幸せを見つける幸福論的エッセイ集。タムくんの挿絵付き。
206606-9

う-9-4
御馳走帖
内田　百閒《ひゃっけん》
朝はミルク、昼はもり蕎麦、夜は山海の珍味に舌鼓をうつ百閒先生の、窮乏時代から知友との会食まで食味の楽しみを綴った名随筆。〈解説〉平山三郎
202693-3

う-9-5
ノラや
内田　百閒
ある日行方知れずになった野良猫の子ノラと居つきながらも病死したクルツ。二匹の愛猫にまつわる愛情と機知とに満ちた連作14篇。〈解説〉平山三郎
202784-8